父母的语言

张正鸣 —— 编著

民主与建设出版社
·北京·

© 民主与建设出版社，2021

图书在版编目（CIP）数据

父母的语言 / 张正鸣编著 . -- 北京：民主与建设出版社，2021.7（2024.12 重印）

ISBN 978-7-5139-3533-3

I. ①父… Ⅱ . ①张… Ⅲ . ①家庭教育 Ⅳ . ① G78

中国版本图书馆 CIP 数据核字（2021）第 127624 号

父母的语言
FUMU DE YUYAN

编　　著	张正鸣
责任编辑	王　倩
封面设计	于　芳
出版发行	民主与建设出版社有限责任公司
电　　话	（010）59417749　59419778
社　　址	北京市朝阳区宏泰东街远洋万和南区伍号公馆 4 层
邮　　编	100102
印　　刷	三河市宏图印务有限公司
版　　次	2021 年 7 月第 1 版
印　　次	2024 年 12 月第 3 次印刷
开　　本	880 毫米 ×1230 毫米　1/32
印　　张	6
字　　数	114 千字
书　　号	ISBN 978-7-5139-3533-3
定　　价	39.80 元

注：如有印、装质量问题，请与出版社联系。

前言

"你怎么这么笨?"

"我养你有什么用?"

"这点小事都做不好!"

"这么简单的题目都不会!"

"你再这样,爸妈就不要你了!"

"为什么别人能做到你就做不到!"

"我告诉过你多少遍了,你非不听!"

……

这类否定、打击、批判的语言会对孩子产生极其消极的心理暗示。

很多父母在和孩子说话时,完全处于无意识状态,不经任何思考。这种不经意间脱口而出的暴力语言对孩子来说就像一把利刀,一刀刀地插在孩子的胸口上。当有一天孩子无力承受这一切时,他就很可能将父母的暴力语言给予他的伤害汇聚为一股伤害他人的邪恶能量。

天下没有哪一个父母不盼望自己的孩子成龙成凤,但无数事实证明,没有一个孩子是在父母的打骂中真正成才的。棍棒威吓有时可能会起点作用,但只是暂时的,不会持久。父母只有注重

父母的语言

与孩子的沟通,才能培养出真正优秀的孩子。父母的一句话,可以照亮孩子的一生,让孩子的人生充满阳光和快乐;同样,父母的一句话也可以让孩子受到伤害,产生心理阴影。既然父母的语言具有如此强大的力量,父母就理应在孩子面前充当爱神和智者。

这个世界上没有那么多天生聪颖的孩子,孩子的聪颖更多地源自善于沟通的父母。一个良好的语言环境对孩子至关重要,在这个环境里,父母要为孩子营造亲密的关系。这里并不是否定那些不善于表达的父母,相信他们也有其他的情感表达方式。但不可否认的是,语言是一个强有力的媒介,有助于亲子之间产生情感上的共鸣。

父母每天都对孩子说着很多的话。这些语言本身是有能量的,父母每天的语言里就藏着孩子的未来。好的教育是免费的,它就存在于父母的每一个词、每一句话、每一次交谈和每一份关爱里。

本书作者悉心研究父母的语言现象与语言规律,从反思、共情、蜕变、言传、身教五大方面入手,揭示了早期语言环境在儿童人生发展中的重要性、对儿童大脑发育和学业成功的长远影响。在此基础上,还详细分析、总结了父母与孩子交流的技巧,解决了亲子交流中的各种难题。切实掌握并灵活运用这些语言技巧,父母与孩子交流不用愁。

本书最重要的价值就是告诉父母应该怎样和孩子对话。每个小节均由具体情境引入,进行深度理论分析,提供标准话术建议,针对性强,普适性广。相信本书一定会得到父母朋友们的欢迎,成为你们进行亲子沟通的简单、实用的好帮手!

目录

Part1　反思：你是这样的父母吗？/ 001

01　否定："你怎么这么笨？" / 002

02　打击："谁教你的？这也叫画？" / 005

03　批判："为什么别人能做到你就做不到！" / 009

04　打骂："棍棒底下出孝子！" / 012

05　恐吓："你再这样，爸爸妈妈就不要你了！" / 017

06　软暴力："你是不是猪脑子啊？" / 020

07　乱发脾气：孩子不是你的"出气筒" / 023

08　挖苦："这是要有天分的，你不是这块料，还是别学了。" / 026

09　唠叨："你看看你，玩具丢得到处都是……" / 029

Part2　共情：关注孩子的真实感受 / 033

01　愤怒：引导宣泄，不以暴制暴 / 034

02　嫉妒：正确引导、制止和纠正 / 036

03　虚荣：早发现，早纠正 / 040

04　猜疑：多交流，建立信任 / 043

05　自卑：积极引导，重拾自信 / 045

06 负面情绪：接纳、认可、疏导 / 048
07 逆反：相互理解，合理沟通 / 052
08 悲观：不打击，多鼓励 / 055
09 暴躁：控制情绪，不发火 / 059
10 抑郁：有效沟通，保持好心情 / 061

Part3 蜕变：改变对孩子说话的语气 / 065

01 尊重的语气 / 066
02 信任的语气 / 071
03 赞赏的语气 / 073
04 商量的语气 / 078
05 鼓励的语气 / 083
06 平等的语气 / 088
07 关爱的语气 / 092
08 包容的语气 / 095
09 幽默的语气 / 099

Part4 言传：非暴力的语言沟通 / 103

01 耐心地听孩子说话 / 104
02 为孩子的每一个小进步喝彩 / 108
03 学会向孩子承认自己的错误 / 111
04 拒绝孩子时要讲明理由 / 114
05 不要逃避孩子提出的性问题 / 117
06 批评孩子要讲技巧 / 120
07 不要在孩子面前摆架子 / 124
08 多在他人面前赞扬自己的孩子 / 128

09 不要在孩子面前争吵 / 131

10 指责不是最好的办法 / 134

Part5 身教：父母的行为是"无声的语言" / 139

01 懂礼貌，有修养 / 140

02 自己的事情自己干 / 143

03 珍惜时间，不拖拉 / 148

04 有爱心，懂得感恩 / 154

05 勤俭节约但不吝啬 / 158

06 诚实不说谎 / 162

07 懂得宽恕容忍 / 167

08 学会自强自立 / 171

09 勇敢地面对挫折 / 174

10 与他人搞好关系 / 178

Part1

反思：你是这样的父母吗？

父母的语言

01 否定:"你怎么这么笨?"

情景案例

卢悦活泼聪明,刚刚6岁,就会背100多首唐诗了。卢悦的数学、英语学得也很好,在学校经常得到老师的表扬。可是,卢悦却很不开心,因为他怎么也得不到妈妈的肯定,妈妈甚至还经常贬低他。

有一次,卢悦在学校举行的英语演讲比赛中获得二等奖。当他兴冲冲地跑回家,把自己得到的二等奖奖杯拿给妈妈看时,妈妈却冷冷地说:"你只得了二等奖,这有什么值得高兴的。你怎么不得一等奖呢?"妈妈的话就像给卢悦泼了一盆凉水,卢悦把奖杯塞到衣柜的底层,再也不想看到那个奖杯了。

还有一次,卢悦的强项数学没有考好,他本想从妈妈那里得到些安慰。可是,妈妈看了他的成绩单却对他说:"你怎么这么笨啊,以前不是挺有能耐的吗?真是越学越退步,考得这么差,真是猪脑子!"听了妈妈的话,卢悦很伤心。他不明白,为什么别人的妈妈都是那么慈爱,自己的妈妈却这样对待自己。他想着想着,泪水就忍不住地流了下来。

渐渐地,卢悦对学习不感兴趣了,学什么都提不起精神,经常在课堂上走神。

心理分析

在现实生活中,有很多父母像卢悦的妈妈那样,吝啬自己赞美、鼓励的语言,习惯于否定、贬低自己的孩子。原因在于,他们害怕赞美会产生副作用，让孩子滋生出骄傲自满的情绪。为了让孩子拥有谦虚、谨慎的学习态度，他们便不断地在孩子身上挑缺点、找毛病。他们甚至认为，优点不说出来还是优点，但缺点不指出来就是对孩子不负责任。但是，教育专家强调，父母这么做不仅不会对孩子的成长产生积极作用，反而会阻碍孩子的健康发展。

孩子的自尊心都是柔弱的，都需要别人的呵护和赞美。父母要鼓励孩子、夸奖孩子，这才有利于孩子的成长。

父母否定、贬低孩子，会使孩子看不到自己的长处，从而萌生自卑心理。时间长了，孩子就会在不知不觉中得到父母消极的心理暗示，孩子的自信心就会受到打击，自尊心就会受到伤害。这会引发孩子一系列的心理问题，很不利于孩子的健康成长。

父母否定、贬低孩子，其实也是对孩子的精神惩罚，这种惩罚的伤害比一般意义上的惩罚更厉害。童话大王郑渊洁在给比尔·盖茨老爸之作《盖茨是这样培养的》写序言的时候，就提到了这样的观点：不管你做什么，永远不要贬低你的孩子。这句话让很多父母感触颇深，其实，这也是老盖茨的教子真经。

因此，父母要少看孩子的短处，多发现孩子的长处，善于用积极的语言来鼓励孩子。

父母这样做

第一，不当着别人的面否定、贬低自己的孩子。当着别人的面来贬低自己的孩子，这种情况在我们的社会生活中很常见，甚至已经成为我们的一种文化现象——"谦虚"。或许父母心里想的都是自己的孩子最好，但当着别人的面，父母总习惯贬低自己的孩子，数说孩子的不足。"我们家孩子不如你家孩子聪明。""我们家的欢欢学习可笨了，哪像你们家的孩子啊。""你们家的孩子比我们家的孩子漂亮。"其实，父母当着别人的面贬低孩子，更容易伤害孩子的自尊心。为了孩子健康发展、快乐成长，父母请不要当着别人的面贬低自己的孩子。

　　第二，隐藏自己的失落，用爱心感化孩子。6~12岁的孩子自我约束能力差，大多数还没有形成良好的行为习惯和学习习惯，经常做错事或者表现得不能让父母满意，这是很正常的现象。看到孩子表现不佳，父母要学会隐藏自己的失落，用爱心感化孩子。父母要适当调整对孩子的要求，不能对孩子要求太严格。就拿孩子的学习成绩来说，如果孩子一次成绩没考好，父母就要理智地帮孩子分析考试失利的原因，帮孩子找到补救的办法，而不能将自己的失望全都表现出来，彻底贬低孩子，全盘否定孩子。父母贬低孩子、否定孩子，的确会伤害孩子的自尊心，不利于孩子的健康成长。如果父母能够用爱心来感化孩子，不仅能保护孩子的自尊心，还会让孩子"改邪归正"。

02 打击："谁教你的？这也叫画？"

情景案例

周末，小张在书房看书，儿子乖乖地坐在她身边拿着彩色铅笔画画。没一会儿，就听儿子叫道："妈妈，我画了一张画！快看看我的画画得多好！"

儿子激动地把画递到了妈妈的手里。小张只看了一眼，就有点不耐烦了，心想，这画的什么呀？太差劲了！各种颜色乱七八糟地涂了一片，简直是浪费。小张指责儿子说："你说你画的什么呀？谁教你的？这也叫画？哪有这么画画的？我看你也画不出什么好画来！"

儿子的脸一下子红了："妈妈，你看不出来我画的是什么吗？我画得真的很难看吗？"

"没看出来，就感觉你在乱涂乱画。"小张直接否决了儿子的成绩。

儿子"哼"了一声，迅速抢过他的画，愤愤地说道："我画的是京剧脸谱，这都看不出来，还说我画得难看！"

被孩子这么一说，小张觉得自己的话有点不妥，就又拿过画来重新看了一番。这时，儿子跑过来给她解释道："这个红色画的是眼睛，绿色是胡子，黄色是鼻子……"经儿子解释后，小张看看这幅画好像还真有那么点意思。儿子说完，就要去看电视。为了阻止他，小张立刻说："那你再画一个，妈妈肯定能猜出是什么。"

父母的语言

"不,我才不画了呢!你要不就是责怪我乱涂乱画,要不就是笑话我。上次我明明画的是太阳,可你硬说是条毛毛虫。"儿子不高兴地说道。

心理分析

看得出来,小张的儿子对画画很有激情,只因为年纪还小,手上没什么劲,把持不住画画的力度,才没有把画画好。其实,他脑海里有很多美好的画面,并且他会赋予它们鲜活的生命。可小张呢,却一而再再而三地给他泼冷水,扼杀他的激情,使其失去兴致。

像这样的例子在生活中是很常见的。有时,父母也不是故意想取笑孩子,只是不自觉地说出自己的感受。但就是这样一句不经意的话,对孩子造成的伤害是非常大的。可能孩子不知付出多大的努力才有勇气去做一件事情,本来就对自己没有信心,如果能得到父母的鼓励和肯定,孩子还有成功的可能。可是,得到的却是父母的"一盆冷水",估计孩子再也不会有激情和勇气去做这件事情了。

其实,不仅是画画,生活中,当孩子满怀激情地做任何我们理解不了的事情时,我们都不能一味地去泼冷水,只有认真地聆听,不断地鼓励、肯定他们的成绩,才能让他们心情愉快地去做好每一件事,从而健康快乐地成长。

自信心是每个人做事成功的动力和源泉。父母要时时以赞赏的眼光看孩子,让孩子扬起自信的风帆,迎接成功的喜悦。一个孩子自信心的培养,会对他的一生产生举足轻重的影响。说实话,并不是每个孩子都会成为科学家,学生时代成绩很棒的人也未必就会有所建树。但是,孩子如果从很小的时候就充满自信,这对他的人生一定会有积极的意义。

歌德曾经说过:"人类最大的灾难就是瞧不起自己。"哀莫大于心死,父母对孩子的失望意味着教育的停止,而孩子对自己的失望更意味着进步的停止。自信心是孩子学习、生活成功的精神支柱,然而孩子的自信心不是天生的,而是在后天的生活实践与学习训练中逐渐培养起来的。

父母这样做

第一,尊重孩子,帮助孩子建立良好的自我形象。自我形象就是自己对自己的看法与评价。孩子由于年幼,对自己的看法与评价一般先来自于成人对他的看法与评价。孩子自信心的形成与父母有着密切的关系,因此,父母需要尊重孩子,帮助孩子建立良好的自我形象。在日常生活中,父母要把孩子当成与自己平等的人,有意识地让孩子参与一些家庭事务,与孩子讨论一些家庭问题,让孩子感觉到自己的能力和父母对自己的信任。尊重孩子,就不能对孩子说有辱人格、有伤自尊的话。父母千万不要对孩子说:"你真没出息!""小孩子懂什么!""大人的事,小孩子知道什么?"这样一来,孩子就会觉得自己无法获得父母的信任,从而无法获得自信。尊重孩子尤其不能随意辱骂、惩罚和殴打孩子,辱骂、惩罚和殴打是最伤害孩子的自尊心的。请父母记住,千万不要为了自己的所谓尊严,去伤害孩子的自尊。

第二,告诉孩子"你能行"。缺乏自信的孩子由于长期处于这种状态,已经形成了消极思维,即"我是没用的""我很没信心"等。这种消极思维让孩子越来越不敢尝试新的事物,越来越没有信心。因此,父母在平时的生活中可以有意识地忽视孩子缺乏自信的表现,而在孩子表现出自信的时候给予积极的表扬和鼓励,让孩子淡化"我无能"的心理,树立起"我也行"的心理。当然,父母对孩子的鼓励和赞扬要真诚,不要故意夸大其词或者言不由衷,这样会让孩子感觉到父母的虚情假意。比如,孩子在画画时,父母不要总说:"啊,你画得真好,真像个大画家!"可以变换一个角度说:"你画的这棵树真美,连树叶也很逼真。"这样,孩子就会觉得父母的鼓励和赞扬是真诚的。

第三，培养孩子的特殊才能。特殊才能可以增强孩子的自信。父母可以根据孩子的兴趣和爱好来培养孩子的特长，让孩子通过发挥特长树立起信心。比如，有些孩子虽然缺乏自信，却能写一手好字。父母就可以让孩子学习书法，钢笔字、毛笔字都行，只要孩子有兴趣去学，肯定会做得很好。父母可以抓住机会夸奖孩子，让孩子明白自己也是有能力的，从而培养孩子的自信心。当然，父母也可以通过展示孩子的特长，让其他人来认可孩子的能力，这样更能提高孩子的信心。父母应该让孩子明白，每个人都有自己的特长，虽然自己在某些方面不如别人，但完全可能在其他方面超过别人。这时，父母还可以教孩子运用积极的自我暗示法进行自我激励，如："我一定能行！""我书法能学好，其他的肯定也能学好！""我真是一个写作高手呀！"这些积极的自我暗示可以让孩子从对某件事的良好感觉中，形成整体的良好的自我感觉。

第四，随时巩固孩子的自信。巩固孩子的自信是一个不间断的过程，当父母看到孩子因不断成功而树立起自信时，千万不能以为大功告成，更要不断鼓励孩子，巩固其自信。孩子只有在父母持续的鼓励中，通过自己不断的努力，才能真正树立起自信。

03 批判:"为什么别人能做到你就做不到!"

情景案例

婉婷今年7岁了,弹得一手好钢琴,而且擅长各类舞蹈,也算一个小才女。但是,妈妈却总是拿她的成绩说事儿:"每次都考70分,你看看邻居家的倩倩,每次都考100分。我不指望你考100分,可你也不能跟别人差得太远啊!"

婉婷气急败坏地说:"那你怎么不说我会弹钢琴、跳舞,她什么也不会呢?我什么差,你就拿我什么跟她比,什么意思啊?你既然那么喜欢她,怎么不去给她当妈妈啊?整天在这里教训我,我不喜欢你这样的妈妈!"

听完婉婷的话,妈妈觉得心都要碎了。她不知道自己做错了什么,女儿居然说出这样冷酷无情的话。

心理分析

我们差不多都亲身经历过或看到过、听到过这样的事情:街头或角落里,大人正对着孩子,大声呵斥:"你这个孩子,怎么一点也不懂事呢?你看人家谁谁,又听话,又聪明,你怎么就不能像人家一样争气呢?"这些父母以为这样能够激励孩子上进,殊不知心理素质好的孩子也许挤个眼就过去了,或赌气不理会,可心理素质差点的孩子,心里就会有一种排斥心理,即使口中不说,心里却十分痛恨。

许多父母总是习惯性地拿孩子跟周围的同龄人进行比较,谈到别人家的孩子时,总是赞不绝口。有些父母甚至还因此贬低自己的孩子，认为自己的孩子什么都不如别人。这样做导致的直接后果便是孩子的自卑，孩子会认为自己什么也不如别人。此外，父母在无形之中会给孩子造成巨大的心理压力，影响孩子的心理健康。

每一个孩子在世界上都是独一无二的，是不可替代的，而且每个人在性格、能力、天赋等方面也是不同的。自己的孩子也许在某一方面不如别人家的孩子，但在其他方面却可能比别人家的孩子强。比如，孩子也许有点淘气，但他很有同情心，喜欢帮助人；孩子也许学习不是特别好，但非常努力，也很乐观；孩子也许不善言谈，但非常细心、正直；等等。

既然孩子有这么多的优点，父母为何还要抓住孩子的缺点不放呢？事实上，父母眼中的好与不好都是主观和片面的。孩子的能力是多方面的，不能因为一个方面能力的低下就认定孩子不如人，这样只会使孩子感到泄气，甚至产生更大的消极影响。

如果父母真的希望孩子上进的话，就不要轻易拿孩子和别人比，而是要他和以前的自己比。父母要看到孩子的进步，并给予表扬和鼓励，从而让孩子体验到进步带来的成就感，体会到成长的快乐。

优秀的孩子不是通过与别人的比较才脱颖而出的，而是拥有自己的独立个性。父母盲目地拿孩子与别人进行比较，就等于在扼杀孩子的个性。因此，明智的父母应改掉拿孩子与别人比较的坏习惯，让自己的孩子变得更优秀。

父母这样做

第一，将心比心，体会与人比较的感受。每个心理正常的人，都希望做最好的自己，而不是重复他人的脚步。当父母想拿孩子跟别人做比较时，不妨先想想：如果孩子拿自己跟别人的父母进行比较，自己会有什么样的心理感受？当父母体会到这并不是一种好滋味时，自然就会改变这种错误的做法，转而采取更合理、更科学的教育方式去引导孩子。

第二，鼓励孩子与自己比较。教育资源的缺乏，使得升学压力增大、学习竞争增强。因此，孩子必须不断地进步和提高，才可能在这场竞争中脱颖而出。而让孩子进步与提高的最好方法，当然非"鼓励孩子与自己比较"莫属了。当孩子的成绩不尽如人意时，父母不应拿其他孩子的成绩来与他比较，而要鼓励他，"只要你比上一次考试提高一点就可以了""只要你比上次多学一些知识就好了"。在这种纵向的比较中，孩子能够准确地把握住比较的标准，不断体会到"超越自我"的快乐，从而变得自信起来。

第三，多关注孩子的优点。父母应多关注孩子的优点，而不应戴着有色眼镜去看孩子，只看到孩子的短处，并且盯着不放。明智的父母应全面地评价孩子，并更多地关注孩子的优点，避免拿孩子的短处与别的孩子的长处进行比较。要知道，自己的孩子也有优点，而自己孩子的优点很可能是其他孩子所没有的。

第四，鼓励孩子学习他人的长处。有些父母拿孩子与他人进行比较，是为了让孩子学习他人的长处。这个初衷是好的，但这种比较的结果却常常适得其反，让孩子误以为父母在全盘否定自己。要想达到好的效果，父母应该掌握一定的引导技巧。当父母发现其他孩子身上具有自己孩子所不具备的长处时，不妨多鼓励孩子与他们交流，互相学习、共同进步。

第五，不要偏信其他父母的赞赏。当听到其他父母夸奖他们的孩子时，有的父母会觉得自己的孩子简直一无是处。这种"偏听偏信"是很不明智的，因为一两次的交谈难以让父母全面地了解其他孩子。当父母与其他父母进行交流，听到他们赞赏自己的孩子时，不要偏听偏信，更不要虚荣心膨胀，转而去贬低自己的孩子。正确的做法是，全面地了解自己的孩子和其他孩子的优缺点，不要想当然地认为别人的孩子就一定比自己的孩子好。

04 打骂："棍棒底下出孝子！"

情景案例

五年级的小轮学会了上网，隔三岔五地跑到网吧里玩游戏。小轮的父母对孩子的成绩要求很高，对孩子将来的前途也抱有很大的期望，见孩子经常上网玩游戏，就对他提出了严厉警告。小轮答应父母，不让游戏影响学习。但他总管不住自己，常不由自主地走入网吧。

有一次，小轮正在聚精会神地玩游戏，爸爸突然走到他的面前，把他揪起来，狠揍了一顿。回到家里，爸爸又打了小轮一通。但是，自制力差的小轮还是经常去玩游戏。父亲看小轮不接受教训，就打得更狠了，有时甚至用皮带抽。而此时的小轮，好像不知道疼似的，瞪着眼睛看着父亲，一声不吭，一动不动。

几次挨打之后，小轮照样去网吧玩游戏，还经常鼻青脸肿地从外面回来。原来，小轮不但玩游戏，还喜欢同别人打架。这让信奉"棍棒底下出孝子"的小轮父母感到很无奈。

心理分析

自古以来，中国父母打骂孩子似乎天经地义。在"棍棒底下出孝子"的传统观念的支配下，不少父母认为，只有通过体罚才能让孩子明白道理，加深印象，促使孩子对父母绝对服从。于是，父母看见孩子犯错误就大发雷霆，对孩子大打出手，似乎只有这样做才算是尽到了父母的责任。

据中国官方媒体公布的一项由教育和法律界联合进行的调查

结果显示，中国家庭中打骂孩子现象十分普遍，有 2/3 的儿童挨过打。3.6% 的孩子在家里"经常"挨打，"偶尔"挨打的高达 57.3%，表示"从未"挨过打的占 39.1%；有 15% 的孩子在家里"经常"挨骂，"偶尔"挨骂的高达 69%，表示"从未"挨过骂的只有 16%。在挨打的儿童中，女孩占 90% 以上。被调查的高中生和大学生中，也有近 2/3 的人在上小学和初中时被父母打过，有 30% 的人因为被体罚而导致精神忧郁。

也许有人会举出许多例子，来说明"棍棒之下出孝子""不打不成人，不打不成才"。但是，现实是棍棒教育的危害性极大。某城市曾对 408 名少年犯进行调查，发现其中有 84% 的少年犯的家庭实行的是棍棒教育。采用体罚这种方法，不但不能把孩子教育好，反而会损伤孩子的自尊心，养成自卑、胆小、孤僻、撒谎等不正常的性格。有的则引发了孩子的暴力倾向，因为孩子会从父母的行为中得到错误的认知，以为只有暴力才能解决问题。棍棒教育伤及的不仅仅是孩子的皮肉，更是荼毒了孩子幼小的心灵。皮肉之伤可以很快痊愈，心灵的创伤也许永难平复。

健康的人性观告诉我们，人都是愿意上进的，愿意被人喜欢、被人接纳的。大人如此，孩子亦然。父母需要做的，就是努力去发现孩子身上的优点，夸奖他，鼓励他，引导他不断进步，直至成功。今天父母给孩子一缕阳光，明天孩子就会还给父母一个太阳。

在传统的家庭教育观念中，父母与孩子的关系就是管与听的关系，父母没有尊重孩子以及和孩子平等相处的概念。父母总是认为自己就是权威，永远都是正确的，孩子也只能顺从父母的意见。于是，很多父母就选择了打骂孩子这种简单粗暴的教育方法。

但是，时代在变，家庭教育观念在更新，父母教育孩子的方法当然也要优化。当孩子犯错时，父母要以尊重孩子的态度让孩子自己负责，而不是打骂了事，这样更有利于培养孩子独立、理

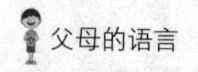

性的人格。

父母应该让孩子感受到关爱与温暖,而不是陌生和恐惧。专家研究发现,一个在战战兢兢中长大的孩子,会渐渐偏重于表现负面的行为。例如,不敢表达自己真实的感觉就说谎,有需求不敢说就偷窃等,长期发展下去很可能会误入歧途。

父母应该清楚打骂孩子所产生的恶果,但现实中父母的打骂行为依然屡禁不止。特别是近年来,随着父母对孩子期望值的增加和孩子独立意识的增强,一些地方打骂孩子的现象有愈演愈烈之势。殊不知,打骂孩子会产生许多后果。这些后果包括:

(1) 产生报复心理。青少年法律专家认为,家庭暴力带给孩子的不仅是皮肉之苦,更多的是心灵创伤。调查显示,遭父母打骂的孩子,有9.2%的人产生过轻生念头,18.1%的人想离家出走,8.4%的人想和父母打一架,甚至还有6%的孩子埋下了"复仇"的种子。这说明,孩子在遭遇家庭暴力时,具有强烈的反抗意识,甚至想采取极端手段来报复施暴者。同时,孩子对暴力伤害的恐惧也高于其他伤害,选择"害怕遭别人打骂"的比例高达41.2%。

(2) 产生暴力循环。犯罪心理学家指出,在暴力环境中长大的孩子,往往接受并使用暴力。父母打骂孩子,实际上起到了教自己的孩子去打骂别的孩子的作用,这就是所谓的"暴力循环"。而且,遭打骂的孩子极易产生其他不良的性格特征。

(3) 出现懦弱性格。如果孩子经常挨打挨骂,时间一久,孩子一看到父母,就会感到害怕,不敢接近。因此,不管父母要他做什么,也不管父母的话是对是错,他都只会乖乖服从。在这种不良的绝对服从的环境下成长的孩子,很容易自卑、懦弱。这样的孩子往往唯命是从,精神压抑,学习被动。

(4) 行为孤独自闭。经常挨打挨骂的孩子,会感到孤独无援。尤其是父母当众打骂孩子,更会使孩子的自尊心受到伤害。孩子往往会怀疑自己的能力,自感"低人一等",显得比较压抑、沉默，认为老师和同学都看不起自己。这样的孩子往往不愿意与父母和老师交流，不愿和同学一起玩。

上述情况如果出现在孩子身上，父母一定会急得像热锅上的蚂蚁，不知如何是好。其实，只要掌握正确的教育方法，这些状况是可以避免的。

父母这样做

第一，多和孩子沟通。在忙于工作的同时，父母一定要抽出时间来了解孩子，与孩子沟通，尽量对孩子在学校和家庭中的表现有一个全面把握。一旦孩子真有不听话的时候，父母也能明白应该如何去引导孩子，而不是靠打骂孩子来解决问题。孩子无论多小，父母都应平等地对待他们。有些粗鲁的父母总是不分青红皂白地打骂孩子，很容易让孩子对父母产生怨恨的情绪。这样一来，孩子得不到父母的理解，亲子之间的沟壑会变得越来越深。所以，父母应该多和孩子沟通，让孩子知道父母是理解他的、关爱他的，从而积极地改正自身的错误。

第二，凡事要多和孩子讲道理。孩子不听话或任性的时候，父母除了要在平时的生活中多和孩子沟通外，还要注意教育方式。父母要多和孩子讲道理，不打不骂也能教育出懂事的好孩子。父母要在实际生活中多向孩子讲道理，让孩子具有同理心，他就能够学会换位思考，从而认识到自己的不足。事实证明，这样做更容易让孩子自发地接受父母的意见，教育效果更理想。

第三，真诚对待自己的孩子。有些父母在与孩子沟通的时候，总是喜欢用指责或命令的语气，常常让孩子难以接受。亲子之间的沟通应该是真诚而没有距离的，父母可以很诚实地将自己的担心或情绪解释给孩子听，让孩子了解他的行为会让父母难过或是担心、惧怕。只要语气是平和的、态度是真诚的，你就会发现，其实孩子是很乐意体贴父母的。

第四，适当调整对孩子的期望值。有时，父母真的太过于求成心切了,常常拿自己都做不到的标准(或许是父母自以为能够做到,但实际上从来没有做到过)来要求孩子。要知道,孩子年龄还小,有好动、固执、健忘等表现都很正常。父母如果真的要对孩子有所要求,也一定要考虑孩子的成长状况,不要总是拿放大镜去看待孩子的表现。

第五,把孩子当作独立个体。中国社会普遍不把孩子当成有独立人格的主体。父母往往将孩子看作是自己的私有财产,父母的儿童观中权利意识淡薄。一项调查表明,有超过30%的父母不知道"孩子有哪些权利",认同孩子应"自主平等"和"受尊重"的父母分别只占15%和6%。这种传统的儿童观普遍存在于中国父母身上,并影响着人们对孩子的态度和教育方式。尽管中国有健全的儿童法律体系,但缺乏与之相适应的公众意识作为社会心理基础。

第六,用赏识教育代替体罚教育。父母要善于对孩子进行赏识教育,让孩子体会到父母对自己的真挚的爱。即使孩子感到改变不良习性很难,但为了疼爱自己的父母,孩子也会慢慢收敛不好的行为。

05 恐吓："你再这样，爸爸妈妈就不要你了！"

情景案例

一次，爸爸妈妈带着5岁的丽丽来到超市购物。穿过食品区，妈妈为丽丽买了两大包零食。紧接着，他们走到了儿童玩具专柜区，丽丽两眼直盯着漂亮的洋娃娃。

这时，丽丽拉着妈妈的手，对妈妈说："妈妈，你看这个洋娃娃多漂亮啊，你可不可以给我买一个啊？"妈妈并没有留意价钱，只是说："嗯，确实不错。"等她俯下身子，一看价格，不由得吸了一口凉气："我的宝贝女儿啊，这么一个洋娃娃可得花掉咱们家280元！实在太贵了，我们不买了好不好？"可是，丽丽根本不答应，爸爸、妈妈只得好言相劝。

无论爸爸妈妈提出什么条件，如"妈妈给丽丽买其他玩具""下次爸爸给丽丽带最漂亮的裙子"，丽丽都不改变自己的主意。丽丽看到爸爸、妈妈不想给自己买洋娃娃，就拼命地哭。

最后，爸爸不耐烦了，厉声喝道："你还哭是不是？你再这样，爸爸妈妈就不要你了！丢下你一个人，让坏人抱走你。"一边说，一边做出要走的样子。丽丽一听，心里害怕极了，哭得更厉害了。爸爸看到丽丽还是不听话，一句话也没说，拉着妈妈扭头就离开了丽丽。丽丽看到爸爸妈妈真的走了，要把她一个人丢在这里，立刻追了上去，一边哭一边喊："爸爸妈妈，你们等等我……"

心理分析

在上述案例中，对于丽丽的父母的心情和行为，我们都可以理解。但与此同时，我们也需要考虑这样一个问题：在这种情况下，父母只能采取这种教育方式吗？答案是否定的。

大约是"狼来了"的故事广为人知的缘故吧，有些父母至今还拿"狼"这张王牌来恐吓孩子。诸如此类的话，还有"再不听话，就把你送给要饭的""让公安局来抓你""让大夫来给你打针"等。如此去恐吓孩子，会给孩子的身心健康带来许多不良影响。

父母是孩子的第一任老师，同时也是孩子最依赖、最信任的人。自出生之日起，孩子对父母就有一种特别的眷恋。也正因为如此，孩子与生俱来就有离开父母就不能生存的潜在不安全感。即使是一个年龄比较大的孩子，心里也会时不时出现"爸爸妈妈会不会不要我"这样的担心。

因此，如果父母对孩子说"你再不听话，爸爸妈妈就不要你了"之类的话，就会加剧孩子的潜在的不安全感。对于孩子来说，这是一种巨大的心理打击。严重时，在这种不安情绪的影响下，孩子极有可能出现一些极端的行为，如跳楼自杀、离家出走等。如果真的发生这种事情，父母后悔也来不及了。

不仅如此，据专家分析，孩子的神经系统十分脆弱，如果父母总是采取恐吓的手段来教育孩子，很可能造成孩子精神高度紧张、恐惧，严重时会引发心理障碍。

此外，恐吓教育还会给孩子带来如下不良影响：

（1）损害身体健康。许多孩子精神上受到刺激会表现为身体不适，如突然发热、感冒、消化不良等。因此，我们可以说，采取恐吓的方式教育孩子，不利于孩子的身体健康。

（2）产生逆反心理。对于这一点，我们在生活中经常会看到。一些经常受到恐吓的孩子，性格往往比较倔，父母让他干什么，他偏偏不干什么，即使在挨打的时候，仍然"不屈服"。

（3）说谎话。采取恐吓的手段，虽然暂时能起到一定的管制作用，但时间久了，孩子就不敢再对父母说实话了，以至于养成

Part1　反思：你是这样的父母吗？

说谎话的不良习惯，对以后的生活和工作都会有消极影响。

（4）自暴自弃。在生活中，如果父母总是责骂或恐吓孩子，孩子就会出现"自己很差""比不上别人"的想法，从而产生自暴自弃的念头。久而久之，孩子就会形成冷漠、胆小的不良习惯。

由上可知，恐吓孩子有害无益。所以，父母不要用恐吓的手段教育孩子。

父母这样做

第一，直接讲出孩子某些行为的危害。生活中，有些孩子调皮好动，喜欢冒险，总让父母非常担心。明智的父母不会无缘无故地恐吓孩子，而是跟孩子讲明道理。比如，孩子调皮，正准备攀爬围墙，父母就会告诉他："小家伙，爬围墙是很危险的，如果不小心掉下来，会把胳膊或腿摔伤的，你要考虑后果呀！"让孩子认识到后果，孩子可能就会收敛自己的不良行为。

第二，让孩子为自己的行为负责。如果父母给孩子讲明道理后，孩子依然我行我素，结果真的不慎摔下了围墙，父母不要发脾气，而应该对孩子说："怎么样，以后听父母的话吗？"如果孩子调皮，把别人的玻璃砸坏了，父母不要对孩子发火，而应该让孩子为自己的行为负责，让孩子用零花钱来赔偿别人的损失。有了一两次这样的经历，孩子做事的时候就会沉稳许多，就会考虑后果，而不再那么鲁莽。

第三，试着去理解孩子的感受。当孩子做错事，而你准备恐吓、打骂孩子时，试着去理解孩子的感受。假如你是孩子，你被父母威胁、恐吓时，心里会有什么感受？有了这种换位思考，你就可能做出理智的行为，而不是一味地通过恐吓孩子来出气。

06 软暴力:"你是不是猪脑子啊?"

情景案例

小强的母亲对小强有着很高的期望,一心希望小强能在班上成为尖子生,其他方面也要超过别人,于是把所有精力全放在小强身上。

妈妈辅导小强的时候,小强如果难以领会,就对母亲说:"还是不明白。"妈妈就会非常生气,常常会大骂:"我讲了这么多次,你还听不懂啊!你是不是猪脑子啊?怎么这么笨啊?"小强自然不高兴,只是眨巴着眼睛不敢说话,越来越紧张,根本没有心思再做题了。

在生活上,即使小强经常帮母亲做家务,也很难讨到她的欢心。当他一不小心把刷碗水洒到地上时,妈妈就会大声斥责他。

结果,小强越来越没有信心,整天也不开心。

心理分析

在生活中,父母天天想着"怎样教育出好孩子",却很少想到"怎样做称职的父母"。他们对孩子寄予过高的期望,在学习上百般要求。当孩子通过自身努力仍然达不到父母心目中的要求时,父母便会说些冷言冷语,以为可以刺激孩子的心灵,促使孩子向前发展。

然而,父母万万没有想到的是,这样一来,孩子不仅没有朝好的方向发展,反而越来越笨。要相信"世上没有愚蠢的孩子",采用的教育方法应尽可能地符合孩子的天分及个性,让孩子拥有多向思维，从而具备良好的综合素质。

在严格要求孩子的同时，切不可说一些对孩子成长不利的话，以免打击孩子的自尊心和自信心，阻碍其潜在能力的发展。父母对孩子施加语言暴力将会给孩子的健康成长带来哪些影响呢？

首先，父母动不动就要挟孩子、逼迫孩子，有时候一些话说出来，自己觉得没有什么，但孩子心里会是什么滋味，父母从来没有去体谅过。父母在说完这些话后，细致观察过孩子的表情吗？想过孩子心里的感受吗？有时候，语言的力量是巨大的，一句话完全可以改变一个人的命运。充当权威的父母必须出言谨慎，特别是在面对充满理想与激情的孩子时更要注意。有些话孩子听完后，会从心理上产生一种强烈的恐惧感。久而久之，孩子的心灵会受到严重的创伤。

其次，父母教育孩子当然合情合理，但肆无忌惮地用语言伤害自己的孩子就完全不合情理。毫无权力、毫无地位的孩子就只能乖乖地听着、忍着，敢怒而不敢言，对父母的语言暴力伤害无可奈何。父母的暴力语言，不仅摧残着孩子的心灵，折磨着孩子的思想，更会扭曲孩子的灵魂，给孩子造成巨大的心理压力，带来的痛苦和灾难将会让父母后悔莫及。作为父母，不要只图自己一时心里痛快，不要只图发泄，不要口不择言。请不要忘了孩子还小，不要忘了孩子的心理承受能力有限，父母不适当的语言会让孩子背负沉重的心理负担。

最后，如果孩子真的做得很不好，一些父母会生气。但这个时候，父母不要总是对孩子说三道四。特别是母亲，别抓住孩子的小辫子没完没了。孩子听了会特别烦，尤其是心理承受能力弱的孩子甚至会离家出走。其中，很多孩子并不是因为父母打了自己一顿，而是父母整天的语言暴力迫使他们不得不躲避。实际上，有些孩子不怕父母打骂，就怕父母无休无止地唠叨、埋怨。父母如果把话说到孩子的心坎上，一句就顶一万句。但如果不注

父母的语言

意分寸，不注意孩子的心理承受能力，每一句都可能让孩子背上沉重的心理包袱。实际上，有时即使是好话，如果说多了，也会成为语言暴力。话说多了，最起码会让孩子无所适从，不知怎么做了。

综上所述，我们可以看出，父母对孩子施加语言暴力的做法是错误的，必须引以为戒。

父母这样做

第一，不要以为严格要求就会对孩子起作用。对孩子严格要求并不等于对孩子态度生硬，甚至进行责骂、训斥。这样的父母根本没有真正地理解严格的含义，这种教育方法是完全失败的。如果真的是为孩子好，就应采取一些激励的办法，用赞赏的口吻去教育孩子。

第二，父母要知道，没有人是十全十美的，孩子更不例外。孩子一不小心做错题，这很正常。可能是由于注意力不集中，也可能是其他原因。这个时候，父母千万不要训斥孩子。与其说些口气生硬的话，还不如说："我知道你已经尽力了，可能是因为一时粗心。没关系，下次你一定会做对的！"这样一来，孩子就会知道父母理解自己、体谅自己，孩子今后就会更加小心，尽量不让自己出错。

07 乱发脾气：孩子不是你的"出气筒"

情景案例

早上醒来之后，紫煜发现外面下着好大的雨。匆匆忙忙吃完早餐后，妈妈送紫煜去上学。

一出小区大门，妈妈不小心踩到一个小水坑，结果泥水溅到了衣服上。"大早上就弄了一身的泥，这破雨天。唉，今天真倒霉！"妈妈很生气地说。听到妈妈的话，紫煜也觉得下雨天不好，心里有点讨厌下雨了。

或许紫煜的步伐走得慢了些，妈妈怒气冲冲地催促紫煜说："走快点儿吧，死丫头，不然要迟到了！"紫煜知道妈妈是因为刚才的事怒气未消，听到这话自己也很难过。

由于这种情绪的影响，一整天，紫煜都沉浸在失落、低沉的心情之中。她上课也没有认真听，只是看着窗外的雨唉声叹气。

心理分析

妈妈因为踩到泥水弄脏了衣服，所以才会对雨天有所抱怨，而且把这种不良情绪带给了紫煜。这在妈妈眼里或许只是很小的一件事，可能转身就会忘掉，却使紫煜一整天都陷在妈妈坏情绪的影响里。

人的情绪时好时坏，每个人都不例外。情绪好的时候，眼里的一切都是美好的。一旦遇到不顺心的事情，就会看什么都不顺眼，吹毛求疵，甚至不自觉地找人发泄。大多数父母会把孩子作为自己的发泄对象，拿孩子当"出气筒"。这种做法不仅影响亲子关系，让孩子对父母敬而远之，而且会影响孩子的健康成长。

父母的语言

家庭教育是无处不在的。父母在生活中，时时都要注意自己的情绪变化，尽量不要让自己的不良情绪影响到孩子。要知道，6~12岁的孩子，性格还没有完全定型，父母的任何不良情绪都会给孩子的成长带来不利的影响。父母低落的情绪会使孩子形成消极悲观的世界观，父母经常抱怨又会导致孩子报复心理的萌发，更会让孩子看不到希望，引发一系列心理问题。

现代社会竞争激烈，工作压力大，人际关系复杂。因此，很多父母会把工作中的不良情绪带回家。不懂察言观色的孩子通常会因为一点小事惹得父母不高兴，父母就趁机发泄在孩子身上，轻则破口大骂，重则拳脚相加，使得孩子整天生活在恐惧之中。孩子会因为父母无缘无故对自己发火，产生父母不重视自己、不疼爱自己的心理。

我们不难想象，长期被父母当作"出气筒"的孩子，怎能建立起自尊心和自信心呢？又怎能感觉受到重视呢？孩子从小到大，记忆中永远都会是一些不开心的事。事实证明，孩子的记忆是有选择的，他们会把小时候痛并快乐的事情和特别伤心的事情都牢牢地记在心底。父母拿孩子做"出气筒"，不仅会对孩子的心理造成很大伤害，而且会潜移默化地影响孩子的情绪。如果父母一直不控制自己的不良情绪，经常烦躁不堪，乱发脾气，孩子长大后也会情绪失控，脾气怪异。

家庭教育要重视前因后果的一致性，父母不要因为平时一点不起眼的小事或自己心情不好就拿孩子出气。否则，就会让孩子在成长过程中对人生观产生错误认识。如果父母经常拿孩子出气，就会给孩子在心里留下很深的烙印，导致孩子产生惧怕心理和不安感。由此可见，父母应该懂得如何去教育孩子，切忌无缘无故地把怒火发泄在孩子身上。

父母这样做

第一，要善于调整自己的情绪。面对生活的压力、工作的压力，父母难免会心生烦躁。有些父母下班回到家后，孩子缠着自己给他讲故事，或者看到孩子的不当行为时，就很想发脾气来教训孩子几句。其实，这样做是不对的，不仅会把自己的不良情绪传递给孩子，而且会让孩子觉得父母是情绪不稳定的人。在教育孩子时，父母要先调整好自己的情绪，避免带着消极情绪和孩子交流。当然，父母调整好自己的情绪并不是简单地把坏情绪隐藏起来，而是要真正做到内心的平和。否则，不仅不利于教育好孩子，而且不利于父母自己的身心健康。

第二，当孩子不听话时，要做"零吼叫"父母。在生活中，面对孩子的淘气、不合作现象时，父母通常都会向孩子发脾气，靠大吼大叫来威胁孩子，让孩子听话。父母以为这样既教育了孩子，也维护了自己的威信，其实不然。对孩子大吼大叫，是一种不理智的教育方法，没听哪位父母说用这种方法能达到屡试不爽的效果。孩子开始时出于恐惧，可能会屈服于父母的大吼大叫。但次数多了，孩子就习以为常了，也不再害怕了，父母的教育只能以失败告终。当孩子不听话或哭闹时，父母不妨做"零吼叫"父母。父母要善于控制自己的情绪，避免自己因一时冲动而对孩子严厉指责、大吼大叫。这样不仅能避免父母因自己的不良情绪而影响到孩子的成长，而且能找到更人性化的教子方法，一举两得。

第三，换一种发泄方式。发泄的方式不止一种，父母在心情烦躁时，不妨找一个空旷的地方大声吼，把心里的愤懑全部发泄出来。此外，运动、写日记或者和孩子一起打游戏都可以转化不良情绪。

第四，不要把不良情绪带回家。父母在工作中遇到什么不顺心、不如意的事情，可以想办法去解决，千万不要把不良情绪带回家。要给予孩子一个温馨、和谐的家，让孩子知道父母是真正爱自己的。

08 挖苦："这是要有天分的，你不是这块料，还是别学了。"

情景案例

苗苗今年 9 岁了，上小学四年级，好奇心很强，勇于尝试新事物。元旦晚会上，学校举办了一场文艺演出。苗苗班上有位同学表演了吹葫芦丝，赢得大家一致的好评和认可。看到同学在台上穿着精美的服装，轻松自如地吹着葫芦丝，苗苗很是羡慕，心想：要是我也可以吹得这么好，那该有多好啊！

一回到家，苗苗就缠着妈妈买葫芦丝。结果，葫芦丝虽然买回了家，但由于妈妈最近工作很忙，一直没来得及给苗苗请到合适的老师。即使如此，苗苗学习葫芦丝的热情依然很高，每天放学后就在卧室里吹。

妈妈听到苗苗吹奏的葫芦丝曲不成曲、调不成调，很难听，就对苗苗说："学音乐，这是要有天分的，你不是这块料，还是别学了。"听到妈妈的话，苗苗的心里就像浇了一盆凉水，难过极了。她想：妈妈怎么这么说我啊，她是不是不喜欢我了？

从那以后，苗苗和妈妈的谈话越来越少，母女俩变得有些疏远。苗苗不再像从前那样什么都想尝试，性格似乎也越来越内向了。

心理分析

当苗苗吹奏得不成曲调时，妈妈与其挖苦苗苗笨，学不好，不如顺其自然，让她自己去摸索。如此一来，既保护了苗苗的好奇心，又不会伤害苗苗的自尊心。

孩子有时一时兴起去做自己力不能及的事，往往会做不好或者出点儿差错。这时候，孩子常常会遭到父母的指责甚至挖苦。有些父母不从正面进行教育，总爱挖苦孩子，认为这样能使孩子成才、上进，结果在无形中刺伤了孩子的自尊心。父母采取这样的方式对孩子进行教育，往往适得其反。

经常挖苦孩子，会使孩子变得不以为耻、习以为常，无形中对消极行为有了固化、加深作用，助长孩子不诚实和任性的毛病。有的孩子长期处于被轻视、被贬低、被指责的地位，就会对自己缺乏信心，变得自卑、懦弱，影响潜能的开发。父母挑剔过失、说话刻薄、嘲笑孩子，会使孩子对父母产生怨恨，严重影响亲子关系，导致难以挽回的局面。父母出口成"脏"、缺乏修养的教育方式，会令教育效果大打折扣，甚至完全失去说服力。

调查显示，父母挖苦孩子，会造成以下不良后果：孩子会变得自卑，对自己失去信心，因为从父母那里看不到希望；孩子会干脆放弃努力，因为父母对自己的努力不屑一顾；孩子会觉得父母不讲理、不公平，因为他知道如果他对父母也用这样的口气，一定会挨骂；孩子会故意做错事、做坏事——孩子怀疑父母对自己的爱。

由此可见，挖苦孩子有百害而无一利。父母一定不能忽视这个问题，应时时注意自己的言行举止，任何时候都不要伤害孩子。

父母这样做

第一，永远不要嘲笑孩子。孩子有时候可能会说出与自己目前水平相差悬殊的话，产生不切实际的梦想。这时候，如果父母挖苦孩子，孩子的梦想就会真的只是空想。而父母如果对孩子的梦想进行鼓励，孩子就可能会从此开始发奋，在将来把梦想变成现实。

第二，不拿孩子的短处开玩笑。孩子肯定有短处，父母一定不能拿孩子的短处去开玩笑。孩子有时候的言语表情可能会让人发笑，但父母同样不能随便对孩子开玩笑。因为稍有不慎，父母就会在不经意的情况下伤了孩子的自尊。

第三，跟孩子说话一定要慎重选择语言。每个孩子都需要父母的夸奖，只有在赞赏中长大的孩子才会身心健康。有些父母不会教育孩子，说话粗鲁，不顾及孩子的内心感受，这是不负责任的表现。面对孩子天真的想法、不着边际的问题，父母应该学会耐心引导，用赏识的态度，慎重选择恰当的语言，而不能用"傻瓜、烦人、不要你了"等字眼去说孩子。

09 唠叨:"你看看你,玩具丢得到处都是……"

情景案例

张宇有一个特别爱唠叨的妈妈。

早上,张宇起床后去洗刷。妈妈边帮他收拾房间边说:"你看看你,玩具丢得到处都是,告诉你多少次了,你就是不听。用完之后要放到玩具箱里去,唉,要告诉你多少遍你才能记住啊。"

吃饭的时候,妈妈会说:"张宇,慢点吃,别噎着了。先喝点粥,对胃有好处,听见没有啊?"张宇只是低头吃早饭,并不理会妈妈。

吃完早饭,张宇从冰箱里拿了一瓶饮料。这时候,妈妈又告诉他:"告诉你多少次了,喝太多饮料对身体没好处。带瓶水吧,啊,别带饮料了。"张宇带上饮料、背上书包就要去上学了,妈妈还在叨唠:"天天都要告诉你,可你就是不听。唉!什么时候你才能让妈妈省心啊……"

张宇已经走出家门了,身后还传来妈妈的叮嘱:"过马路要小心啊。"张宇一边走路一边想,妈妈是不是更年期提前了,怎么这么爱唠叨?唉,天天都这样,真是烦死啦!

心理分析

其实,张宇的问题也是很多孩子目前所面临的问题。据相关调查研究发现,不管是中国的孩子还是日本、美国的孩子,令他们最无法忍受的就是来自妈妈的唠叨。

唠叨是父母对孩子爱的一种体现,本也无可厚非。但是,对

父母的语言

于心理尚不成熟的孩子来说,这种唠叨有时会成为一种精神的负累,影响他的人生发展。

"常回家看看,回家看看,妈妈准备了一些唠叨……"这首脍炙人口的《常回家看看》,提到"妈妈的唠叨"时,充满了温馨与情意。的确,当孩子长大之后,"妈妈的唠叨"就成为记忆中最温暖的回忆,是母爱的体现。但是,对于心智尚不成熟的孩子来说,他们往往难以理解父母无休止的唠叨,甚至会因此而疏远父母。

在家庭教育中,父母不断地叮嘱、提醒、督促孩子,这种唠叨不休的现象是屡见不鲜的。有些父母把全部的心思和精力都放在孩子身上,担心孩子这不懂、那不会,同样的叮咛总是一遍一遍不断重复,让孩子不胜其烦。有些父母对孩子错误的行为反复不断地进行批评教育,导致孩子对自己失去信心,引起孩子的自卑情绪。

一般来说,父母的唠叨都是一些机械的、重复的陈词滥调,反复多次说类似的话,就像一只苍蝇整天盘旋在孩子的耳边,一直发出"嗡嗡"的声音,令孩子耳朵都磨出了老茧,身心都不胜其烦。这样下去,势必会影响孩子的学习和生活的状态。另外,有些父母的唠叨直指孩子的缺陷和弱点,没完没了地对他们进行数落,甚至冷嘲热讽,也会让孩子觉得自尊心受到伤害。于是,孩子就产生强烈的逆反心理,会以沉默不语或针锋相对来对抗父母,导致亲子关系的恶化。

心理学的研究表明,老调重弹,多次说相同或类似的话,容易让孩子产生一种习惯性的模糊听觉。也就是说,孩子表面在听,但不把父母的话放心里去,左耳进,右耳出。这样的话,父母的唠叨不休除了恶化双方关系、浪费口水外,还能有什么效果呢?

父母的确肩负着对孩子的不当言行进行教育的责任,也应该多关心孩子的生活。但是,在孩子面前没完没了地唠叨,并不是合适的教育方式。这是父母应该认识到的。

父母这样做

第一,只做必要的叮嘱。作为父母,对孩子放任不管是不负责任的,但管得过多又成了毫无意义的唠叨。因此,父母应该控制自己过度的关心,只对孩子做必要的叮嘱。"物以稀为贵",叮嘱也是如此。在家庭教育中,父母不应该过多地叮嘱。例如,叫孩子起床,叫一次两次就行了,不要持续不断地叫。还有,叮嘱孩子带饭、多穿衣服等,叮嘱一两次就可以了。如果孩子忘记了,就让他自己承担后果。这样有助于孩子养成对自己负责和进行反思的好习惯。

第二,适当忽略孩子。父母之所以对孩子唠叨不休,与他们恨不得长四双眼睛盯着孩子有很大的关系。一个人对自己过分关注的事情,怎么可能没唠叨呢?因此,父母应该学会适当忽略孩子。例如,孩子回来了,打个招呼就可以了,不要特意跑出来,又为孩子递拖鞋,又为孩子拿书包。虽然父母做这些事不费什么气力,但在这个过程中,却很容易生出许多想唠叨的话:"今天怎么回来得这么晚啊?你看你,怎么把身上弄得这么脏?上课认真听讲没有?现在赶紧去做作业,别老是玩游戏。"

第三,培养自己的兴趣爱好。父母尤其是全职爸爸或全职妈妈,应该适当将视线从孩子身上转移开来,做些自己喜欢的事情,如与朋友聚会、参加定期的兴趣培训班等,让自己的生活更充实。当父母忙于应付其他事情时,当然就不会一味地对孩子唠叨个没完了。当然,这并不意味着不关心孩子,这是两回事。

第四,多指导,少唠叨。父母的唠叨往往含着命令、责怪,常让孩子觉得厌烦。但是,对孩子指导却与之不同,它常常能引发孩子的思考,给予孩子自由选择的权利,因而更能使孩子接受。父母在教育孩子时,应多指导、少唠叨。当父母想要唠叨之前,可以先想想有没有更好的方式来表达自己的意思,以便孩子

父母的语言

愉快地接受。例如，不妨将"快点起床吃早餐"改为"现在起床，你还来得及吃早餐"，引导孩子进行选择，并对自己的选择负责。

第五，不要总盯着孩子的缺点。很多父母往往是发现了孩子的缺点，觉得有责任让孩子改正，便开始无休止地唠叨。想避免不必要的唠叨，父母就不要总盯着孩子的缺点不放。父母在平时的生活中，不要总是用"你怎么这么不爱干净""你什么时候才能学会按时起床""你能不能努力一点"之类的唠叨来对孩子"鸡蛋里挑骨头"。明智的父母要学会激发孩子积极向上的天性，引导孩子通过不懈的努力去扬长避短。

Part2

共情：关注孩子的真实感受

01 愤怒：引导宣泄，不以暴制暴

情景案例

一天晚上，一家人正围坐在电视机前看电视，小宁突然要吃冰激凌。已经很晚了，商店都关了门，爸爸妈妈跟他解释，劝他明天再吃。然而，小宁的牛脾气却上来了，躺在地上大声叫喊，用头撞地，用脚乱踹。爸爸妈妈被气得不知道该说什么，努力克制自己的火气，对小宁的无理取闹不加理睬。

小宁见自己哭喊大闹了半天也没人理他，就变本加厉地"表演"起来。爸爸妈妈依然不管不顾，而是静静地坐着欣赏电视节目。十几分钟过去了，小宁见自己的"招数"依然不见效，于是使出浑身解数，尽情地进行第三次"表演"。然而，爸爸妈妈依然稳如泰山。这样僵持了很长时间，小宁觉得自己趴在地上哭叫实在太傻了，便自己爬起来，回到小房间睡觉去了。

说也奇怪，自那次以后，小宁再也没朝别人乱发脾气了。

心理分析

一般来说，孩子的情绪往往不够稳定，自制力差，并且难以接受父母的意见。在这种时候，疼爱孩子的你是像小宁父母一样冷静处理，还是对孩子过度关注，只要孩子一闹就立刻去安抚？

专家认为，父母在孩子坏脾气发作的时候，既不要采取过于强硬的态度，也不能采取过于软弱的态度。最好是能够迅速而果断地将孩子的注意力转移到其他方面，以缓和紧张的局势。也就是说，当孩子正处于发脾气的时刻，父母不要只训斥孩子，因为孩子这时是很难听进去的；也不要强迫孩子或者用武力威胁孩子马上停止发脾气。这时，最简便的方法就是冷处理。当孩子乱发脾气时，父母要保持冷静，对孩子的不合理要求绝不迁就。要让孩子明白，无论他怎么发脾气，父母都不会"俯首称臣"。事后，再当着孩子的面，分析一下他发脾气的原因，细心地引导、教育孩子，相信孩子会从一次错误的行为中吸取教训。这样坚持一段时间后，孩子就会渐渐改掉乱发脾气的习惯，因为他知道这样做什么也得不到。

父母要善于分析孩子发脾气的诱因，学会平息孩子的脾气，而不是简单地以怒制怒。孩子发脾气，一般有两方面的原因。一是萌生自我意识，产生独立意向。他们不愿事事受父母管束，对父母的摆布产生反感。当父母不能满足其要求时，孩子就会把内心的不满毫无保留地发泄出来。二是不善于用言语表达。当父母坚持要孩子做他不愿做的事，或父母坚持不答应其要求时，有的孩子就会用发脾气来宣泄压抑的情绪。

父母这样做

第一，转移孩子的注意力。在孩子要发脾气时，父母应迅速地把孩子的注意力转移到别的地方。但要注意，父母的这种努力必须及早地进行才会有效。父母可以说："你听，那是什么声音？快去看看。"把孩子的注意力转移到别的地方去，就能有效摆脱眼前的困境。

第二，有技巧地惩罚孩子。当孩子出现攻击行为时，父母要及时处理，有技巧地给予孩子惩罚，使孩子认识到什么行为是错的，应该怎样做才对。如把孩子关在房间里，或者一段时间里不予理睬，用这种"冷处理"的方法让孩子思过、反省，效果会更好。

02 嫉妒：正确引导、制止和纠正

🎬 情景案例

凡凡和安安从幼儿园开始就一直是形影不离的好朋友。升入小学后，两个小伙伴更是整天在一起玩，晚上放学后也一起写作业，有了喜欢的东西也喜欢和对方分享。

但最近，妈妈发现，凡凡对安安有些反感，最近一直没理安安。妈妈感到很奇怪。

这天放学后，电话响了，妈妈接起来后，是安安打来找凡凡一起出去玩的。

"凡凡，安安叫你一起出去玩。"妈妈叫凡凡过来接电话。

"我不去，就说我正在写作业呢。"凡凡闷闷不乐地说道。

"凡凡，你怎么了？"妈妈握着电话，不知道该怎么说。

"我都说了不去了，真烦！"

"对不起啊，安安，凡凡有点不舒服，今天就不去找你玩了，明天让他过去找你好吗？"妈妈只好这样告诉安安。

放下电话后，妈妈问凡凡："你怎么不和安安玩了？你们不是好朋友吗？"

"没有呀，只是我今天心情不好。"

晚上吃晚饭时，爸爸说："凡凡，听说安安被评为市'三好学生'了，怎么没听你说过啊？"

听了爸爸的问话后，凡凡突然就放下了碗筷，一脸不服气："哼，那有什么了不起的！真是的，有了一点点的成绩就到处炫耀……"

妈妈忽然明白了，怪不得凡凡最近不理安安呢，原来安安被评为市"三好学生"，而凡凡却与此无缘。多年的好朋友之间出现了不平等，于是凡凡因为嫉妒，而不愿意与安安交往了。

心理分析

从上面的故事中，我们可以看出，孩子对他人拥有而自己不具备或得不到的东西，往往会产生一种由羡慕转化而来的嫉妒心理。其实，这是很正常的现象。因此，当孩子显露出嫉妒心时，父母千万不要严加批评指责，而应善于倾听，理解孩子的愤怒、不安、烦躁等不良情绪。在孩子倾诉完之后，要引导孩子正确分析与他人产生差距的原因，并积极寻找缩短差距的途径和方法，以便使孩子能正确地与他人进行比较，以积极的方式缩短实际存在的差距，最终化解不平衡的嫉妒心理。

嫉妒是一种原始的情感，是人类心理中动物本能的表现。它是对别人在品德、能力等方面胜过自己而产生的一种不满和怨恨，是一种被扭曲的情感。这种缺点如果保留到长大以后，孩子就很难协调与他人的关系，很难在生活中心情舒畅。事实上，对于嫉妒心理强的人来说，别人的成功和自己的失败都会给自己带来许多痛苦，平添不少烦恼。

现代社会，父母对子女的期望越来越高，孩子在竞争环境里的学习压力也越来越大。再加上独生子女多有表现自我、突出自我的性格特点，这种竞争有时就会演变成嫉妒。一个人有了这种不健康的情感，就等于给自己的心灵播下了失败的种子。

嫉妒是孩子成长过程中一个不容回避的问题，它并不可怕，关键在于如何战胜它。生活中，父母要对孩子的嫉妒心理给予关注，平时要细心观察了解，关心孩子的心结所在。一旦发现嫉妒心态的萌发，就应该及时地加以引导、制止和纠正，促使孩子朝着健康的方向发展，在以后的人生道路上成为真正的强者。

父母的语言

父母这样做

第一,帮助孩子形成正确的自我认识。孩子之所以产生嫉妒心理,是因为还不能全面地看问题,不能对自己和他人进行正确的评价。这就要求父母在与孩子相处的过程中,让孩子懂得"金无足赤,人无完人"的道理。每个人都有自己的长处,也有自己的不足。父母不但要正确认识孩子,还要帮助孩子形成正确的自我认识。

第二,让孩子认识到嫉妒的危害。父母要向孩子讲明嫉妒的危害性,嫉妒不仅影响团结,而且对自己也没有好处。应认识到嫉妒的本质和危害,因为人人都需要与同伴接触和交流,而嫉妒却有碍于人际关系的和谐、有碍于自己的进步。如果任其发展下去,既会害了别人,还会毁了自己。

第三,倾听孩子的感受。嫉妒是人之常情,只是孩子不懂得掩饰而已。孩子表现出嫉妒的感受时,父母不应立刻予以否定,而是应该给予承认和接受。父母切勿盲目对孩子的嫉妒行为进行批评,要耐心倾听孩子的苦恼,理解他们无法实现自己的愿望时所产生的痛苦,引导孩子以合情合理的方式去化解因嫉妒产生的不良情感。

第四,不要拿孩子与他人比较。当父母将孩子与他人比较时,孩子就会将怨恨的情绪转移到对方身上,进而产生嫉妒心理。所以,父母要理解孩子的这一心理特点,不要轻易将孩子和别人比较,更不要用挖苦的口气,拿别人的长处来贬低自己的孩子。

第五,引导孩子树立正确的竞争意识。有嫉妒心的孩子往往有某方面的才干,争强好胜,却又自私狭隘。父母可以充分利用孩子争强好胜的特点,引导孩子把嫉妒转化为竞争意识,使孩子在赶超先进中优化自己的行为,增强适应社会环境的能力,从而使压力转变为动力。为此,我们可以告诉孩子,别人领先获胜后，自己要做的事情不是生气，而是激发自己的斗志，敢于和对方展开公平的竞赛：这次你获胜了，下次我要通过努力超过你，和你比一比。同时，父母还要告诉孩子，别的孩子获得成功了，肯定有许多优点值得你去学习。你要把对方的长处学到手，你也能不断进步，取得成功。

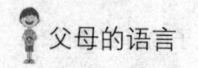

03 虚荣：早发现，早纠正

情景案例

小敏是小学一年级的学生。一天，放学回来，她对妈妈说要开家长会，并特意嘱咐道："妈妈你要穿得漂亮点。"妈妈不明白，孩子怎么会有这样的想法，就问："为什么呀？宝贝。"小敏回答："你穿的衣服不好，别人还以为你是穷人呢！"妈妈说："穷人怎么了？"小敏说："穷人会被别人看不起的。"妈妈说："我们家本身就是穷人嘛，你不能和别人比穷富，要和别人比学习。"小敏回答："我觉得我们家才不穷呢！"

心理分析

虚荣心是人人都可能存在的心理状态，它深藏在人的心灵深处，是一种肮脏的污垢，是一个危险的毒瘤。心理学认为，虚荣心是自尊心的过分表现，是为了取得荣誉和引起普遍注意而表现出来的一种不正常的社会情感。

受虚荣驱使的人，只追求表面上的荣耀，不顾实际条件去求得虚假的荣誉。有人说，虚荣心是一种扭曲的自尊心，死要面子、打肿脸充胖子，这就是对虚荣心的生动描述。

英国哲学家培根指出："一切恶行都围绕虚荣心而生，都不过是满足虚荣心的手段。"虚荣是人生的一记暗伤，轻者累及一时，重者痛苦一生。

虚荣心，人皆有之，孩子也不例外。孩子有虚荣心，是心理发育过程中的正常现象。但如果不加重视，任其发展，虚荣心将成为孩子成长中的绊脚石，孩子长大后很可能喜欢弄虚作假，沽名钓誉。

对孩子来说，虚荣心是一种可怕的不良心理。虚荣心会使孩子骄傲自满，破坏孩子与他人的关系，导致孩子处于孤立的境地。虚荣心强的孩子在成长过程中，经常会出现各种问题，使孩子产生嫉妒心理，导致情绪不稳定，还会造成行为上的迷失。所以，父母对虚荣心较重的孩子不能掉以轻心，而应当采取必要的方法加以纠正。

父母这样做

第一，让孩子认识虚荣的危害。生活中，不少孩子通过一些欺骗和虚假的方式来维护自己的自尊心，很容易撒谎成性。这种品质让孩子无法客观真实地认识自己，也会造成对他人的欺骗。所以，父母要让孩子认识到虚荣的危害，并且通过恰当的机会让他感受到虚荣心过强所带来的烦恼和痛苦，从而自觉地意识到虚荣心过强不利于自己的健康成长。

第二，父母以身作则，杜绝虚荣。孩子讲虚荣、爱攀比，多数是受父母的影响。如果父母为了满足虚荣心而整天穿金戴银，开好车、住好房，用来向外界标榜自己的富有，孩子在这样的家庭环境下成长，势必会受到虚荣心的感染，进而不再潜心读书，而是想方设法来满足自己的虚荣心。所以，父母要摆正自己的心态，不同别人攀比，不盲目追求物质享受，用良好的言行为孩子树立好的榜样。

第三，不要助长孩子的攀比心理。孩子年龄尚小，认知能力较差，尚未建立起自己评价事物的标准，加上受到社会上一些不良风气的影响，容易导致其产生攀比心理。孩子一旦有了攀比心理，就会助长贪婪的欲望和极强的虚荣心，产生畸形的世界观、人生观和价值观，还会给将来的就业、生活带来种种负面的影响，甚至会使他们走上邪路。攀比心理对孩子的健康成长是有百

父母的语言

害而无一利的。对孩子提出的各种要求,父母要做的不是尽量去满足孩子的愿望,而是要对孩子的攀比心理给予正确的疏导。在拒绝孩子的无理要求时,父母不能简单地说"不",而要让孩子明白为什么不能满足这些无理要求。

04 猜疑：多交流，建立信任

情景案例

方敏是一所寄宿学校初二的学生。有一天中午，同寝的兰兰在收拾书本时，将书堆放在旁边方敏的床上。为此，方敏瞪了兰兰一眼。其实，兰兰并没有看到，其他同学也没注意。但是，她立刻后悔了，怕其他同学看见。不巧的是，正好有一位同学抬头看方敏，方敏只能不好意思地笑了笑。

事情发生以后，方敏非常担心，怕同学说自己太小气，以后对自己也不会那么好了。方敏一整天都在注意其他同学的反应，也不去上自习。恰好看她那位同学问她："你今天下午怎么不去上自习呢？"方敏认为这是让她走开，好和别人议论她刚才瞪眼的事儿。晚上，大家一起去吃饭。方敏回来晚了点，其他人正说笑着，也就没在意她。她认为她们一定彼此说好了，真的不理她了。第二天到教室，方敏又发现别人用异样的目光看着她。她心想坏了，她们一定对全班同学说了。这一下全班同学都知道了，自己是个小心眼的人。

以后到教室的时候，听到同学们在笑，方敏就认为是在笑自己；她坐在教室的前面，担心别人在背后说她的坏话；坐在教室的后面，她又认为前面的人回头就是看她，然后讲她的坏话。为此，方敏整天坐立不安，觉也睡不踏实，怕睡着后别人讲她的坏话。不久，方敏患上了失眠性神经衰弱，学习成绩也下降了。她居然还在想：别人这下更会笑我学习成绩下降了。

父母的语言

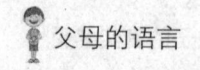

心理分析

所谓猜疑，就是无中生有地起疑心。它像一片阴暗的沼泽地，使人越陷越深，甚至失去理智。猜疑会增加思想压力，打破心理平衡，使人陷入惴惴不安之中，天长日久可导致心理崩溃。

猜疑是人性的弱点之一，历来是害人害己的祸根。一个人一旦掉进猜疑的陷阱，必定处处神经过敏，事事捕风捉影，对他人失去信任，对自己也心生疑窦，不仅损害正常的人际关系，而且影响个人的身心健康。

猜疑是孩子心底滋生的"暗鬼"，是人与人之间的"离心机"，会给孩子的成长带来不良的影响。

从心理学上讲，孩子爱猜疑是对周围世界信任度偏低的一种心理表现，体现在孩子对周围事物极为敏感，并且易从消极方面去思维。这种不正常的心理现象，直接影响孩子的身心发展，妨碍人际关系的协调与和谐。因此，父母要及时帮助孩子纠正猜疑的性格与习惯，让孩子重返人生的正常轨道。

父母这样做

第一，增强孩子的自信心。很多猜疑之事都源于"天下本无事，庸人自扰之"。由于缺乏自信，猜疑者特别在意别人的评价，又特别担心别人的评价，总是怀疑别人在做有损自己名誉的事情。因此，父母要增强孩子的自信心，让孩子以乐观的态度看待现实，才不会遇事总往坏处想，才能以理智的方式对待别人的议论，不会整天担心别人议论自己。

第二，教孩子学会情感交流。在日常生活中，孩子之间、孩子与父母之间难免会产生误会和隔阂。误会和隔阂是猜疑的温床，消除它的方法是：积极做好情感交流工作。父母平时要注意让孩子多与自己和他人接触交往，通过谈话、共同游戏等活动与周围的人进行情感交流，培养孩子与同伴之间的信任情感。

05　自卑：积极引导，重拾自信

情景案例

9岁的小荣是小学三年级的学生，由于从外地转学来到这里上学，她自尊心特别强，以致发展到自卑的地步。

小荣相貌平平，她觉得自卑，认为老师和同学不喜欢她；她成绩不好，也自卑，认为老师讨厌她；上体育课她跑得不快，某一天穿衣服不好看，她都自卑。

总之，小荣为自己的一切事情自卑。所以，她不喜欢说话，不喜欢交往，逃避老师的关心，上课总在回避老师的目光，思想不自觉地就开了小差。

回到家里，她常常对着作业发呆。妈妈对小荣这种情况也无能为力，只能默默地在心里替她着急。

心理分析

自卑是一种消极的自我评价或自我意识。一个自卑的人往往过低评价自己的形象、能力和品质，总是拿自己的弱点和别人的强处比，总觉得自己事事不如人，在人前自惭形秽，从而丧失自信，悲观失望，不思进取，甚至就此沉沦。

自卑是一种性格缺陷，自卑性格的形成往往源于儿童时代。一个人小的时候，正是性格和信念发展的重要时期，也是一个人学习功课、掌握本领的重要时期。此时如果产生自卑感，不相信自己有能力去改变世界，整日用一种自卑的情绪去生活，那么他的自我暗示就会导致信心缺乏，从此一蹶不振，引发人际关系障碍和行为困扰，妨碍学习、生活和人际交往的正常进行。毫无疑问，这对于孩子的健康成长是十分不利的。

生活中，我们会发现很多孩子都存在自卑心理。他们看不到自己的长处，总觉得自己处处不行，对自己各方面的评价都很低。有的孩子甚至在父母面前都会觉得自卑。这种自卑心理会给孩子带来极其严重的影响。

儿童心理学家告诉我们，孩子的自卑往往是由于自我评价过低导致的。一些自卑的孩子往往认为自己处处不如人，有时遇到一件事情，还没有去尝试，就已经在心里打退堂鼓了。

自卑者不能全面、客观地评价自己。往往拿自己的缺点和别人的优点相比，看不到自己的长处，却对自己的短处妄加评判，形成消极的自我概念。这是一种认知悲剧。

有的孩子在做自我评价时，往往只看到缺点，看不到优点，而且评价得也不够全面。比如说："我笨死了，就是学不好！""不够聪明，总是反应不过来！"其实，评价应该是多角度的，不能只关注学习成绩。

著名的精神分析家阿德勒曾说过："所有的人都有那么一点自卑，无论他是高官达人还是平民百姓。"由此可见，自卑是一种普遍存在的心理状态。人人都会产生自卑，只是程度不同而已。正确认识自卑感，克服并超越它，可以使人完善自我，是人走向成功的起点和桥梁。

父母这样做

第一，引导孩子正确认识自己、接纳自己。父母要引导和教育孩子对自己进行积极、正确、客观的评价，并且认识到任何人都具有自己的长处，也都会有短处。一个人只有客观地评价自己和他人，进行正确的社会比较，才有助于肯定自己，才可能克服自卑感。在生活中，父母要注意并善于发现孩子的优点和点滴的进步，并不失时机地给予肯定和表扬。孩子认为自己有优点，也能取得一定的成绩,便会增强取得更大更好成绩的信心和希望。

　　第二,建立孩子的自信心。有一句教育名言这样说:"要让每个孩子都抬起头来走路。""抬起头来"意味着对自己、对未来、对所要做的事情充满信心。任何一个人,当他昂首挺胸、大步前进的时候,在他的心里就会有诸多的潜台词:"我能行!""我不比别人差!""我的目标一定能达到!""我是最棒的!""小小的挫折对我来说不算什么。"……假如孩子具备这样的心态,肯定能不断进步,成为德智体全面发展的好学生。因此,激发孩子的自信,让孩子挺起自信的胸膛,是父母应该高度重视的问题。

　　第三,引导孩子正确地面对失败。有自卑感的孩子,一般特别害怕失败。作为父母,要引导孩子正确面对失败,应告诉孩子,每个人都有长处和短处,每个人都会经历失败。失败并不可怕,重要的是保持一颗积极向上的心。父母也可以把自己失败的例子讲给孩子听,以减轻孩子对失败的过分关注。

06 负面情绪：接纳、认可、疏导

情景案例

有一次，小丽和妈妈去参加一个亲子活动。在路上，小丽问妈妈，如果主持人让她上台表演节目，她要不要参加。妈妈表示，如果让她上台表演舞蹈，就一定会支持她，因为小丽跳舞跳得特别棒。

活动现场有许多小朋友。当主持人邀请小朋友上台表演唱歌时，所有的孩子都举起了手。小丽也要举手，却被妈妈拦住了。"等一下，先让别的小朋友表演吧。"妈妈说，"等下你再上去。"小丽嘟着嘴，不吭声了。

一首歌唱完后，主持人邀请小朋友们上台玩游戏，妈妈又没有让小丽上台；接下来是讲故事，妈妈还是没有让小丽上台……

活动结束前的最后一个节目，是小朋友的舞蹈比赛。可是，天有不测风云，就在即将开始舞蹈比赛时，下起了大雨。由于活动是露天的，人们一哄而散。妈妈抱起小丽，跑进了附近的商场。

"走，小丽。"妈妈拉着小丽的手，"妈妈带你去买你最喜欢吃的果冻。"

"不吃了！"小丽一下子甩开妈妈的手。"那就去看看玩具吧。"妈妈说。"不看！"小丽背过身子。

"你到底要干什么？"妈妈气极了，推了小丽一下。要知道，妈妈也是好心，怕小丽因表演不擅长的项目而失去自信。"你有什么可生气的，下雨了，又不是我不让你去表演。再说，表演有什么好的，一定要去。""你是坏妈妈！"小丽痛哭起来，"你是个坏妈妈。""快闭嘴，快点！"妈妈气不过，又怕在商场其他人面前丢人，"你再哭，我就打你，你信不信？"小丽第一次见妈妈发这么大的火，紧紧地闭着嘴，不敢吭声了。

妈妈拉着小丽回家了。从那以后，妈妈找到了一个轻易就可制服小丽的法宝："你再哭，再闹，我就打你。"每当她这句话一出口，小丽就再也不敢吭声了。可是，妈妈发现，虽然小丽的确变得听话了，却经常发呆，这是以前从来没有过的。

心理分析

在生活中，孩子流露出负面情绪，其实只是孩子的一种表达方式。这时，父母千万不要像案例中的妈妈一样，一味地制止。有了负面情绪不释放出来，是很危险的。有时候，就连发脾气、哭泣、大声喊叫都比压抑更有利于孩子身心的健康发展。

从某种意义上说，情绪没有好坏之分，只要是情绪，都是正常的。但是，我们往往不喜欢负面情绪，认为那是坏东西，应该压制下去。事实上，负面情绪不会因为压抑和控制而消失，它还是存在着，强行的压制不会降低它的力度，反而令其破坏力成倍增长，一旦找到宣泄口，就会决堤。因此，与其拒绝它、否认它、排斥它，还不如接纳它、认可它、疏导它。

每个人都需要适度表露自己的情绪，孩子更是如此。但是，不少孩子迫于父母的威严，常常无条件地克制自己，让怒气和不满、委屈和伤心不在父母面前表现出来，这是有害的。要知道，任何强烈的情绪体验都有助于孩子客观、全面地认识自己的情绪，有助于孩子学习怎样把握自己的情绪，促进情商的发展。

孩子无法控制自己的感受，面对失望和挫败，肯定会难过。父母要学会接纳孩子的负面情绪，倾听、共情、陪伴，引导孩子信任自己的感受，接纳自己的情绪，逐渐脱离负面情绪，积极地寻求解决问题的办法。如果父母拒绝接受孩子的负面情绪，强迫孩子控制自己，或者想方设法逗乐孩子，孩子就会逐渐变得不再相信自己的感受，一旦产生负面情绪就感到紧张和内疚，甚至都不敢哭，强作欢颜，故作坚强，内心则处于分裂和无助的状态，就更不可能对自己的一切负责任。

每个孩子都有自己主观的感受，有自己独立的人格，任何人都不能替代另一个人的感受。所以，对孩子的情绪和感受，父母应无条件地接纳与包容。

接纳孩子的负面情绪，就是父母要对孩子的负面情绪给予关注、尊重和理解，而不是立刻反对孩子的情绪。即使你认为孩子的情绪不对劲儿，你也要先接纳他的情绪，然后再想办法改变他的不良情绪或不正确的想法和行为。假如问题不大，孩子的情绪得到接纳以后，孩子自己就有能力解决问题。所以说，只有接受了孩子的消极情绪，父母才不会否认、压制、贬低、怀疑孩子的情绪。

总之，孩子对自己情绪的认识和掌控是一个漫长的过程，父母需要接纳孩子的情绪，把每一次情绪体验都当作辅助孩子成长的机会。父母只有接纳孩子的各种情绪，孩子才能从父母这里得到所需的支持和信任，内心才会觉得安全和温暖。同时，父母也应该学会帮助孩子排解各种负面情绪。

父母这样做

第一，帮孩子疏导负面情绪。父母都会给孩子营造一个温馨的生活环境，但孩子依然会有情绪压抑的时候。所以，父母还要教会孩子，学会用正确的方法来排解心中的负面情绪。这也就是人们通常所说的心理自助、心理调节。在孩子心情不好的时候，我们可以让孩子听听音乐、做做运动，或与孩子外出就餐等。通过这一系列活动，父母要让孩子明白，每个人都有排解心中负面情绪的权利和需要，每个人可以通过既不伤害自己也不伤害他人的方式来达到这种目的。如果孩子不善于表达自己的情绪，父母需要耐性引导，给予孩子足够的时间慢慢说出内心的感受。这个时候，父母的支持至关重要。那些不易接纳孩子负面情绪的父母，须在认同孩子情绪方面作出改善。有时候，孩子向父母表达不悦，只为了找个对象宣泄。父母需要留心是否给了孩子太多的不必要的训示或出乎子女意料之外的责难。

第二，允许孩子大哭一场。当孩子确实心里憋屈又无法宣泄时，父母要允许孩子用哭声来表达自己的情绪。哭是孩子宣泄的一种方式。哭过之后，也许不用细究缘由，孩子的心灵就经历了一个净化的过程，而且与父母的关系更加亲密。

第三，在家里布置"发泄角"。实验证明，孩子用粗笔涂鸦的方式消解愤怒的效果最好。投掷飞镖或练习跑步上篮，也可以让男孩宣泄负面情绪。特别是对那些自认为被老师和父母冤枉的孩子来说，掷飞镖是消除愤怒的有效手段。

07 逆反：相互理解，合理沟通

情景案例

小丽今年 13 岁，是某学校的初一新生。最近，她与老师的矛盾有些激化。考初中时，她花了很多时间在学习上，结果考上了重点中学。因为刚进初一，想稍微休息放松一下，目前成绩有些退步。她觉得老师对她一直心存偏见，并认为与她当前的成绩不无关系。

小丽自认为是一个比较直爽的人，如果觉得谁说的不对，自己就会提意见，否则憋在心里很难受。一次课上，老师让她们背诵历史年表。她就想：这些东西一查书就知道了，把它们全部背下来，不是很傻吗？小丽向老师说了自己的想法，老师坚持说她在故意捣乱。可老师越是这样说，小丽就越要跟老师争辩，何况她认为同学们也很支持她。班主任没少跟她谈话，她几乎天天都要在办公室里待上一段时间……

回到家后，父亲把小丽叫到跟前，狠狠地教训了一顿，说是老师向他反映了情况。小丽一听就火了："爸爸，你咋那么多事啊？你别管这事了，我并不是老师所说的那样，她只是看我不顺眼，故意找我的碴儿！"父亲一听小丽的话，一看小丽的态度，很生气……

心理分析

在这个案例中，小丽只顾自己说话痛快，没有考虑其他同学上课的权利，没有考虑老师的苦心，也没有照顾到父亲的感受。

从心理学的角度而言，小丽表现出来的是典型的逆反心理。

逆反心理是指个体用相反的态度与行为来对外界的劝导做出反应的现象。逆反心理是一种心理抗拒反应，是个体适应环境的一种正常的心理机能。典型的逆反心理有三种：超限逆反、自我价值保护逆反和禁果逆反。

青少年的逆反心理的形成原因主要表现在两个方面。从主观而言，青少年正处于过渡期，其独立意识日益增强，迫切希望摆脱成人的监护。他们反感成人把自己当小孩，为表现自己的能力，就对任何事物倾向于持批判态度。从客观方面而言，教育者的可信任度、教育手段、方法、地点的不适当也往往会导致青少年的逆反心理。

许多父母都有这样的体会：原本乖巧可爱的孩子一到十五六岁，总爱和父母对着干，父母的话一句也听不进去，有什么事宁可憋着也不跟父母说，这种状况一持续就是两三年。有些孩子表现为明目张胆，有的孩子表现为消极对抗。不少父母悲哀地发现，亲生骨肉在和自己处处作对。心理分析学家把这个专爱和父母、老师作对的青少年时期称为逆反期。

逆反期是一个人从儿童到成人过渡的关键时期。不可否认，逆反心理可能有积极的正效应。逆反心理的思维方式实际上是逆向思维。科学研究表明，逆向思维是符合科学思维规律的，曾在科学史上起过推动科学向前发展的积极作用。对于中学生来说，积极的逆反心理和逆向思维是创造性接受教育过程中最为宝贵的因素，它极有可能过渡转化为创造性思维，推动中学生在司空见惯的现象中发现新问题、积累新知识、掌握新技能。逆反心理更具有负面效应，如果不加以正确引导，会导致青少年产生多疑、偏执、冷漠、不合群、对抗社会等病态性格，使之信念动摇、理想泯灭、意志衰退、工作消极、学习被动、生活萎靡等，进一步发展还可能向犯罪心理和病态心理转化。

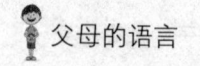

父母这样做

第一,要与孩子相互理解。父母要引导孩子,学着从积极的意义上去理解老师、父母的行为。大多数时候,老师、父母的唠叨和批评都是善意的,都是出于对孩子的关心。老师、父母也是凡人,也会认识不全面、犯错误、误解人。因此,孩子只要抱着宽容的态度去理解老师、父母,就可以减少因为逆反心理产生的冲动。

第二,要帮助孩子掌握合理沟通的方法。俗话说,"有理走遍天下""是金子总会发光"。为人处世,不能得理不让人,不能过分逞强,不能盲目对抗。否则,只能使事情变得越来越难处理。事实证明,合理沟通的方式有助于实现交往中的双赢。父母要引导孩子尝试更有效的沟通方式,比如单独与老师聊一聊、写一封短信表达你的意见等。

第三,要克服偏见所带来的不良影响。先入为主的印象一旦产生,方方面面都会受到暗示和影响。父母如果发现自己经常有无名火气,就要冷静下来想想看,是否偏见在作怪。设身处地地考虑一下,父母也就能理解和包容孩子的某些不良情绪了。

第四,要引导孩子注重人际交往。在改变环境和改变自己中,选择后者往往更容易完成。所以,遇事要尽力克制自己。要懂得一个道理,突显自己的个性并非都要通过与他人的对抗来实现。为了提高心理适应能力,应鼓励孩子多参加一些课外活动,学会与不同个性的人交往,全面展现真正的自我价值。

08 悲观：不打击，多鼓励

情景案例

毛毛出生于知识分子家庭，父母都是大学里的教授。毛毛是独生子，因此，父母把全部希望都寄托在他身上，希望他和他们一样有知识，甚至超越他们。于是，从毛毛很小的时候起，父母就给他制订了详细的发展计划。

当毛毛刚会咿呀学语时，父母就教他念英文。等毛毛长到三四岁时，他每天的时间就被父母安排得满满当当：早晨练声，上午学英文，下午学跳舞，晚上练琴。父母希望毛毛成为一个全才，对他的各方面的要求都非常严格。

毛毛起初表现很出色，不论在幼儿园里还是在后来的学校里，他都是一个活跃分子，老师和同学们都很喜欢他。在德智体等方面，他都表现优秀。但这仍不能让他的父母满意，因为父母给毛毛确定的标准是第一。每当毛毛拿着自己还认为满意的成绩单高高兴兴地回家时，得到的总是父母的训斥："这道题怎么能错呢？这么简单，真是笨呀！"听到父母对自己的评价，毛毛伤心地低下了头。

上小学一年级时，毛毛参加了全市的歌咏比赛，拿了二等奖。下台之后，他欣喜地向父母跑去，没想到面对的却是父母冰冷的面孔："你看人家获一等奖的那个小朋友，嗓子多甜美，表情多自然，可比你强多了。你呀，真让我们失望！"可怜的毛毛，流下了委屈的泪水。在这样的教育方式下，毛毛慢慢地变了。

父母的语言

现在,他已经11岁,上小学五年级了。这几年来,毛毛仿佛换了一个人。原先,他是一个特别开朗、调皮、聪明、可爱的孩子。而现在,他总是一个人独处、害羞、胆怯,不和同学们一起玩。他上课从来不主动回答问题,就是老师把他叫起来,回答也是含含糊糊、犹犹豫豫,总是说"我不行""我不知道",再也看不到过去那种充满自信、活泼可爱的样子了。

心理分析

在案例中,正是父母这种不切实际的过高要求,使原本活泼开朗、积极乐观的小男孩毛毛变得极度不自信,心情十分压抑。久而久之,他便产生了悲观绝望的情绪,认为自己什么也不会,什么都做不好,认为自己是一个没有用的人。

有一首歌是这样唱的:"阳光总在风雨后,乌云上有晴空,珍惜所有的感动,希望就在你手中。"每个人都要学会微笑地对待人生,不管生活如何艰难,都要相信一切都会过去,始终抱着一种积极乐观的态度去对待人生的成败得失。事实证明,这对改善你的心情、促进你的人生都会有切实的帮助。这是因为,有些事情不是我们所能左右的,而这个时候我们的人生态度的选择就显得至关重要,直接影响事情的结果。同样是面对逆境,如果你抱着一种积极乐观的人生态度,你就会一笑了之,泰然处之;如果你抱着一种消极悲观的态度,你就很可能会一蹶不振,郁郁寡欢。

诗人汪国真说:"悲观的人,先被自己打败,然后才被生活打败;乐观的人,先战胜自己,然后才战胜生活。积极的心态能把人带向成功的彼岸,而消极的心态却能把人带向失败的峡谷。"所以,在生活中总是保持一种积极的心态是非常必要的。"好运气来自好心情"并不是空谈,因为好心情来自好心态,而一个人的心态往往决定一切。于是,一个好心情的人总是能和那些好运气相碰撞,成就自己的非凡事业。因此,做父母的千万不要像毛毛的父母那样时时、处处、事事打击孩子。

成功学大师拿破仑·希尔说："积极的心态，就是心灵的健康和营养。这样的心灵，能吸引财富、成功、快乐和健康。消极的心态，却是心灵的疾病和垃圾。这样的心灵，不仅排斥财富、成功、快乐和健康，甚至会夺走生活中已有的一切。"从心理学角度讲，心态的划分有两种：积极的和消极的。面对相同的夕阳，李商隐低叹："夕阳无限好，只是近黄昏。"而叶剑英高歌："老夫喜作黄昏颂，满目青山夕照明。"这是两种截然不同的心灵境界。著名心理学家艾利斯有一个著名的"ABC"情绪理论。他认为，人的情绪主要根源于自己的信念以及对生活情境的评价与解释。正如叔本华所言："事物的本身并不影响人，人们只受对事物看法的影响。"的确，任何事物都有两面性，关键就在你的心态是积极的还是消极的。如果你是积极的，你看到的就是乐观、向上、幸福的一面，你的人生就是成功的；如果你是消极的，你看到的就是悲观、低落、痛苦的一面，你的人生就是失败的。所以，有什么样的心态，就有什么样的世界，同时也决定你有什么样的人生。

父母这样做

第一，关心孩子遇到的困难和挫折，帮助孩子正确对待失败。在生活和学习中，孩子难免会遇到挫折和失败。由于孩子承受挫折的能力很弱，对自己的评价还不够客观全面，在困难面前很容易产生自卑。父母应及时了解孩子的心理变化，给予孩子科学的指导，帮助孩子克服困难。

第二，尊重孩子的自尊心。有的孩子自尊心很强，如果做错事，自己会很内疚。这时，父母如果再冷嘲热讽，甚至拳脚相加，就会严重挫伤孩子的自尊心，孩子就会"破罐破摔"，变得越来越差。孩子做错事时，父母应关心、体谅孩子。要告诉孩子，人人都会犯错，关键是知错能改。这样一来，孩子就会排解

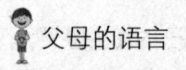

消极情绪，变得越来越自信。

　　第三，丰富孩子的知识，开阔孩子的眼界。我们常常会发现，当很多孩子在一起交谈时，有的孩子讲得有滋有味、绘声绘色，有的孩子却只在一旁听着、沉默寡言。孩子之间为什么会有这么大的差别呢？除了性格方面的原因，这主要是缘于孩子的知识面不同。有的孩子见多识广，有的孩子则一无所知。相比之下，那些所知甚少的孩子就很容易产生自卑感。因此，父母应有意识地丰富孩子的知识，开阔孩子的眼界。为此，父母可以指导孩子多读书，多接触新事物，广交朋友，引导孩子逐步消除自卑心理。

Part2　共情：关注孩子的真实感受

09　暴躁：控制情绪，不发火

情景案例

涛涛是一个7岁的孩子。有一天，爸爸对他说："涛涛，妈妈和我明天要外出就餐，你和保姆阿姨一起吃饭吧！"

"不行！"涛涛大声嚷嚷道。

"对不起，宝贝，明天是我和妈妈结婚8周年纪念日，我们一定要单独在一起庆祝一下。"爸爸又说。

涛涛开始变得焦躁不安，摔桌子上的书本，继而号啕大哭。

爸爸决定让他在隔壁的小房间里单独待一会儿，以为这样他就可以冷静下来。没想到，涛涛在小房间里声嘶力竭地又哭又喊，还不停地摔打每一件触手可及的东西。半个小时过去了，涛涛的哭声变小了。妈妈在外面悄悄打开了房门，发现涛涛仍然没有停止他的破坏行为，甚至开始自残，把自己的手往墙里抠，还把头往墙上撞。涛涛的这些举动弄得父母不知如何是好。

心理分析

由上面涛涛的故事可以看出，现在的独生子女犹如家中的小皇帝，很容易任性。俗话说："孩子的脸，六月的天。"一旦发现有不称心的事情或者要求不能得到满足时，孩子就会大哭大闹，有时候甚至无休无止。这时，如果父母冲着孩子大发雷霆，那么闹剧往往会愈演愈烈。

孩子脾气暴躁的表现是多方面的，如不讲理、吵架、打人或稍不顺心就哭等。很多父母为孩子的暴躁脾气所困惑，为不知该怎样对待经常发脾气的孩子而苦恼。父母必须记住，如果不去适当控制孩子暴躁的脾气,事情只会变得更糟。

当孩子情绪失控时,父母正确的做法应该是先"冷却"一下,即不对正在发脾气的孩子采取任何措施。这是因为,如果父母哄劝,就会让孩子更加肆无忌惮;而训斥呢,则容易让孩子产生逆反心理。对于年龄稍大一些的孩子来说,他的生活阅历和社会经验相对多一些,也懂事得多,父母可以传授他一些控制自己情绪的方法。只要孩子拥有了控制情绪的方法,那么在他任性、发脾气前,脑子里就会想一想:我怎么这么激动?我这样做对不对?我不应该这么冲动……经过深思熟虑,他就会渐渐地控制、平息自己的情绪。

但是,孩子的这种自制力并不是一朝一夕就能迅速养成的。对于一个脾气暴躁的孩子来说,不可能在一夜之间就变得像一只绵羊那般温顺。所以,父母千万不要急于求成,应该给孩子一些时间。父母通过努力,完全能够引导孩子成为一个善于调节和控制情绪的人。

父母这样做

第一,给孩子创造平和的家庭气氛。父母是孩子的第一任老师,家庭也是孩子学习的重要课堂。父母的言行以及所营造出的家庭气氛对孩子的影响是根深蒂固的。所以,要想让孩子学会控制情绪,首先应该为孩子创造一个情绪平和的家庭气氛。

第二,让孩子知道自己的情绪可以控制。当孩子的坏脾气已经成为一种习惯时,父母就要给孩子灌输一个概念:自己的情绪自己一定可以控制。这个概念就像强化剂,强化的次数越多,实现的可能性就越大。而在这个强化的过程中,父母不但要让孩子知道什么是情绪,还要鼓励他们科学管理自己的情绪。

第三,避免火上浇油。要平息脾气暴躁的孩子心中的怒火,父母不能在孩子发火的时候也发火,那样只会让孩子更加暴躁。正确的做法是,当孩子发火时,父母可以暂时不予理睬,避免火上浇油。等到孩子相对冷静下来,父母再进行相应的开导工作,效果会好得多。

10 抑郁：有效沟通，保持好心情

情景案例

文海今年 11 岁，担任学生委员。由于平时学习压力大，而且又很少有真正交心的朋友，文海常常有一种难以言状的苦闷，总是感到很迷茫。即使遇到喜事，他也毫无喜悦的心情。过去回家后常常和父母去看电影、听音乐，但后来就感到一切索然无味。

他深知自己如此长期忧郁愁苦会伤害身体，并且影响家人心情，但又苦于无法解脱。他睡眠不好，经常做噩梦，胃口也不行。有时，他甚至想一死了之。但他对人生又有留恋，有很多放不下的东西，因而下不了决心。

对于文海的种种反常表现，他的父母总是想方设法讨他欢心，经常和他谈心。可是，经常是父母在那里说，他却毫无反应。要么就是经常挂在嘴边一句话："真没劲，没意思！"

父母问他什么"有劲""有意思"，他回答说："反正你们都不了解我！"

文海妈妈知道儿子属于敏感、内向型孩子，这样下去对他的心理健康很不利。于是，文海妈妈试着与他沟通，但很难走到儿子的心里去。文海妈妈没有放弃，一直在寻找着与文海沟通的最好方法。

一次，朋友送文海妈妈两张《泰坦尼克号》的电影票，文海妈妈便带文海一块儿去看。当电影播放到船要沉下去的情节时，

父母的语言

文海妈妈听到文海在悲悲戚戚地哭。

在回家的路上,文海的话比往常多。他问:"妈妈,为什么大家都死了,罗丝却能活下来呢?"

"因为这是爱的力量,她的心中有爱呀!"看着文海迷茫的眼神,文海妈妈继续跟他说,"给你举个例子吧。有一次,我发烧烧到40度,当时你爸爸又不在家,我就硬撑着给你做饭。因为我是你的妈妈,我怕你饿着,这同样也是一种爱的力量!"

听了妈妈的话,文海把妈妈的手握得更紧了。

从那以后,文海跟妈妈说的话明显多了起来。他会跟妈妈讲学校里发生的事,讲他的同学,甚至连他的小秘密也告诉妈妈。自从文海话多以后,文海妈妈发现文海嘴里的"真没劲"和"没意思"也少多了。

心理分析

忧郁在美学和哲学上具有不可估量的意义。从美学上看,忧郁情结同浪漫的悲剧感休戚相关。朱光潜说:"浪漫主义作家突出的特点之一是热衷于忧郁的情调,叔本华和尼采的悲观哲学可以说就是为这种倾向解说和辩护的。"他在《悲剧心理学》中系统阐释了忧郁的美学意味,并令人信服地论证了它的合理性:"忧郁是一般诗中占主要成分的情调……在忧郁情调当中有一种令人愉快的意味。这种意味使他们自觉高贵而且优越,并为他们显出生活的阴暗面中一种神秘的光彩。于是,他们得以化失败为胜利,把忧郁当成一种崇拜对象。"

但是,忧郁这种情绪在心理学上却是一种病态心理,发展严重了就可能成为人们常说的抑郁症。抑郁症一直是比较难解决的问题,而儿童抑郁症的占比也越来越多。我们都知道,抑郁症的发病原因有很多。很多孩子是因为成长环境的影响,有的是心理原因导致抑郁症。那么,儿童忧郁症的早期症状是什么样的呢?

首先,在医学上界定的儿童抑郁症的表现有多种,第一个就是情绪上的变化。有的孩子突然会变得情绪低落而且沉默少语。有的时候甚至会无缘无故地哭泣、喜欢自己一个人独处，对平常喜欢的活动不再感兴趣。针对此现象，父母要多与孩子沟通，倾听他们的想法。

其次，患抑郁症的孩子在行为上也会有很多改变。本来很快乐、很聪明的孩子，忽然变得好顶嘴、不听话，表现出易激愤、易冲动的情况。开始出现厌学，注意力不能集中，学习成绩下滑严重。观察到这些现象后，父母就要重视起来了，这些很可能是孩子出现异样的前兆。

最后，健康的孩子不论是身体上还是精神上都是很好的。如果出现患病症状，肯定会伴随着身体的不适，比如食欲下降、容易感冒等。这些都是在提醒你要关注孩子的健康。如果自己拿不准，就要及时带孩子去医院就诊，以免延误治疗。

所以，在养育孩子的过程中，一定要时刻注意孩子的心情，一旦发现孩子有抑郁的心理，就要根据抑郁形成的原因，及时解除孩子身上的抑郁魔咒，让孩子保持一种快乐心态去生活。

父母这样做

第一，要营造欢愉的家庭气氛。幼儿时期的生活对性格的形成和发展有着重要作用。父母亲密和谐、互敬互爱，就会使孩子感到温馨和愉悦，心情亦随之开朗。如果父母不和，整日吵闹不休，孩子的心理上就会产生压力和恐惧，影响身心健康。

第二，要培养孩子广泛的兴趣。儿童的兴趣是多种多样的，如听故事、做游戏、唱歌跳舞等。父母要注意观察和揣摩孩子的心理，鼓励孩子参加各种活动，并尽可能地参与其中。玩是儿童的天性，要顺其自然，不要对孩子提出过高的要求。切记：童年的快乐比什么都重要。

第三，多结交小朋友。对儿童来说，交朋友是一件快活自在的开心事，能联络感情，增加见识，提高应变和活动能力，有助于身心健康发展。如果让孩子离群索居，久而久之就容易产生逆反情绪，导致性格孤僻。

第四，提供新鲜环境的刺激。从某种意义上说，孩子都是冒险家，他们的感官需要新鲜事物的刺激。动物园的熊猫、老虎，乡间的树林、小溪，节日的花灯、焰火，这些大人习以为常的东西，对孩子却有一种奇特的吸引力。因此，每逢节假日，父母应该带孩子外出走走，让他们走进大自然，开阔眼界。事实证明，这对陶冶孩子的情操大有好处。

第五，注重父母的榜样力量和正确引导。父母是孩子心目中力量和智慧的化身。因此，父母要在孩子面前表现得坚强、从容和自信，切不可唉声叹气、怨天尤人。当孩子胆怯和失望的时候，父母要及时提供帮助，热情鼓励孩子，使他们树立信心，战胜困难。

Part3

蜕变：改变对孩子说话的语气

父母的语言

01 尊重的语气

情景案例

妈妈今天参加了张启的家长会后,才知道张启上次的考试成绩在班里是最后一名。虽然张启在上周参加了由市里举办的"小学生科技模型大赛"并获得一等奖的好成绩,但妈妈仍感到不满意。

开完家长会后,妈妈就带着张启回家。刚出学校大门,就看到邻居张大妈也刚参加完她孙子章章的家长会,正带着章章回家。他们都住在附近的同一个小区,所以就一起走着回家。

章章和张启是同一年级的同学。当张启的妈妈听说章章的成绩在班里排在前五名后,就忍不住批评张启:"你看看你,和人家章章是一个年级,人家能考这么好,你怎么就不能啊?整天就知道玩飞机模型,就是不知道学习。你要能赶上章章一半,妈妈也就心满意足了。"

张大妈见张启早就不高兴了,于是就对张启的妈妈说:"你们家的启启也不错了,这孩子聪明,好好学,成绩就能赶上去的,你也不用着急。""唉,这孩子就是不好好学习。"张启妈妈说着,还用手指头轻轻地戳了张启的脑门一下,"他要是知道学习了,我也就放心了。""不要总说我不如别人!你也不如人家章章的妈妈有钱呢!"张启大声地对妈妈说,说完就气呼呼地跑回家了。

心理分析

父母应该明白,孩子也有面子,也有尊严。提起这话题,不少大人也许会笑:"小孩子讲什么面子,他们懂什么。"其实,大人们做事常会顾脸面,小孩子也是一样的,如果自己的尊严受到伤害,其耻辱感不比大人轻。父母应该明白,只要是人就会有尊严,孩子的尊严是与生俱来的。因此,给予孩子足够的尊重,保护孩子的尊严,是每个父母都应该做到的。

日本教育家多湖辉说:"本来亲子关系有如胶着的战争状态,其中一方攻打,另一方就反击;一方撤退,另一方则又进攻。纵然这是无意识的,但孩子多能敏锐观察到妈妈的心理,有时威胁,有时撒娇。假如妈妈的作战态度略微松懈,孩子就会立刻占上风。基于上述理由,父母必须有心理作战的准备,就是视孩子有独立的个性,由此考虑孩子的心理。"

每一个人都渴望得到尊重,孩子也是如此。事实上,希望获得尊重就是孩子的一种心理需求。捷克教育家夸美纽斯指出:"应当像尊敬上帝一样地尊敬孩子。"

美国总统林肯说过:"首先尊重他人,才能得到他人的尊重。"这是一条恒久不变的做人法则。对于父母来说,想要得到孩子的尊重,首先也要尊重孩子。

苏联教育家苏霍姆林斯基说:"如果一个人不能宣告自己的存在,不能在人类心灵的每一个领域里成为主宰者,不能在活动和成就中确立自己的地位,如果他没有感到自己作为一个创造者的自尊感,如果他不能自豪地抬起头来走路,那么个性就是不可思议的。"

对于父母来说,建立和孩子良好的亲子关系是他们的追求。毕竟,好的亲子关系胜过好的教育,培育良好的亲子关系既是教育的前提,也是教育的真谛。要培育良好的亲子关系,就要从自身出发,改变观念,调整位置。很多父母都走进了一个误区,试图掌控孩子的所有一切。其实,父母应该学会做孩子的"律师",千万不可做孩子的"法官"。

作为一个独立的个体,孩子的内心世界是丰富多彩的。我们

父母的语言

要对孩子施加影响与教育，不了解其内心世界是无从谈起的。而要了解孩子，第一个要诀就是要呵护孩子的自尊，维护孩子的权利，成为孩子值得信赖与尊敬的朋友。优秀的"律师"总是能从自己的当事人的角度了解其内心需求，并始终以维护"当事人"的合法权利为唯一宗旨，这样才能打好"官司"。所以，要积极影响孩子，就要先当孩子的"律师"。

被尊重、被关爱是人的基本心理需求之一。当一个人觉得被理解、被尊重的时候，他的内心是温暖的、安全的、放松的，没有疑虑、没有孤独感。因此，尊重孩子、理解孩子能够有效地拉近你与孩子之间的心理距离，缩小代沟。但在每天的日常生活中，不少父母往往缺少尊重孩子、理解孩子的态度。孩子常常对此非常敏感，如此一来，亲子之间就很容易产生矛盾。

父母这样做

第一，尊重孩子，就要尊重孩子的独立人格和自我意识。孩子在两三岁时，自我意识逐渐形成，他们会提出"我自己来""我自己做"的要求，并跃跃欲试地尝试着做每一件事。这是孩子的心理发展到一定阶段的正常现象。可是，许多父母生怕孩子做不好，总是包办代替，从而剥夺了孩子学习与锻炼的机会。当孩子到时候什么也不会做或什么也做不好时，却又受到父母的指责与埋怨，这对孩子来说是很不公平的。作为父母，应随着孩子年龄的增长和独立意识的增强，通过各种方式，以实际行动给予孩子支持，如对孩子表示信任、让孩子拥有独立的空间、给予孩子支配时间的自主权、尊重孩子的选择、善待孩子的朋友等。

尊重孩子，还要注意保护孩子的自尊心。心理学家认为，自尊是一种精神需要，维护自尊是人的本能与天性。孩子的自尊心是他们成长的动力。保护好孩子的自尊心，增强他们的自信心，这是做合格父母的责任。

第二，尊重孩子，就要给孩子一定的自由空间。孩子除了吃好穿好的需要外,还有渴望得到尊重、渴望独立自主、渴望自由创造的需要。尊重孩子,就要把自由和独立还给孩子,让孩子自主选择,自由探索。为什么现在的孩子备受宠爱,却反而常常感受不到快乐?为什么很多父母为了孩子省吃俭用,却常常得不到孩子的理解?原因就在于,现在的孩子受父母支配太多、指责太多,望子成龙、望女成凤的父母往往把自己太多的想法强加给孩子,强制性灌输给孩子太多的知识,剥夺了孩子游戏和自我探索的时间和机会,这是不尊重孩子的表现。有些父母自认为是爱孩子,把所有诸如吃饭、穿衣的琐事都包办下来,剥夺了孩子自己动手、锻炼自理能力的权利,这也是不尊重孩子的表现。同时,孩子由于过早地承受太多的学习压力,早早地失去了童年的乐趣,没有正常孩子那样的欢乐。这必将影响他们的社交能力和其他各种能力的发展及心理发育,他们很难发现自我价值。当然,尊重孩子并不是一味地顺从孩子,而应追求尊重与要求的和谐统一。作为父母,要放下架子,把自己放在与孩子平等的位置上,努力寻求与孩子心理上的沟通与默契。要尊重孩子、关爱孩子,使他们充分感受到父母的爱和自身的价值,并由此学会尊重父母、尊重他人,这实在是特别有效的教子良方。

第三,尊重孩子,就要正视孩子之间的差异。由于受遗传因素和不同环境的影响,孩子之间存在着一定的发展差异,这并不奇怪。可有些父母总喜欢拿自己的孩子与别人的孩子比。当自己的孩子比别人强时,父母就沾沾自喜,反之就不停地数落、讽刺、挖苦孩子,这样很容易使孩子消沉、迷惘。父母应该认真研究孩子,发现他们之间的差异,并且欣赏他们的特质。父母可以把孩子身上的特质和性格列出来,然后一一告诉孩子,你是多么欣赏他。要让孩子感觉到,自己是不能代替别人的,别人也无法取代自己。

第四,尊重孩子的隐私。许多孩子在成长的过程中,往往希望保留一些自己的秘密,尤其是一些不让父母知道的秘密。这实

父母的语言

际上是非常正常的,每个成人都会有这种想法。但是,当这种事情发生在孩子身上时,很多父母就会认为自己的孩子有点不正常,认为孩子就应该向自己敞开心扉,不能有任何秘密。而这种思想必然与孩子的想法产生冲突。因此,许多孩子喜欢拥有一个带锁的抽屉或带锁的日记本,他们像防贼一样防着父母。这难道不是做父母的一种悲哀吗?明智的父母应该像对待成人一样对待孩子,尊重孩子的隐私,让孩子拥有一个独立的空间。在日常生活中,父母不要随意拆开孩子的信件。当收到孩子的信件时,一定要原封不动地交给孩子。如果孩子把信件藏起来了,父母也不用想得太多。不要随意翻看孩子的日记,让孩子保留自己心里的一些不成熟的想法。不要监听孩子与伙伴之间的谈话,给予孩子充分的信任,让孩子独立处理一些人际关系事件。不要随意进入孩子的房间,如果孩子在房间里面,父母进入孩子的房间之前一定要先敲门,得到孩子的同意后再进入。当孩子不愿意告诉父母的时候,不要刨根问底,强迫孩子说出来。如果父母这样做,孩子反而会感激父母对自己的尊重。作为回报,他会自觉地向父母敞开心扉,与父母进行思想沟通。

02 信任的语气

情景案例

有一位单亲妈妈,因为平时工作繁忙,根本没时间过问孩子。有一次,妈妈偶尔闲下来跟孩子谈话,末了说了这么一句话:"我都没怎么管你,一来我忙,二来我看你也很努力,功课不错。我一直相信你能做到的。"

听妈妈这么说,孩子觉得妈妈在表扬自己,决心一定要自己管好自己,不用妈妈多操心。

这个孩子当时正上初一,成绩中上,平时玩得特别疯。妈妈的这句话,让他心里觉得愧疚不已,但又让他感受到了一种绝对的信任。他在心里暗暗告诉自己:一定不能辜负妈妈的信任和关心。从此以后,这个孩子也玩,但不疯玩,学习特别认真,表现很好。

心理分析

信任是人与人之间进行正常沟通和交流的前提条件。不仅是朋友、生意伙伴之间需要信任,在家庭里,父母与子女之间,更是需要信任。但在很多成年人看来,孩子只需要疼爱就行,给予他们最好的对于孩子来说就是幸福的。其实,爱分很多种,有一种最易让人忽视的爱叫作信任。

生活中,许多孩子对父母的依赖性很强,他们缺乏独自处理问题的能力。这不是因为他们不敢去做,而是因为他们不相信自己能够做好。孩子并非天生就是不自信的,究其原因还是源于父母的不信任。所以，凡是孩子力所能及的事情，父母都应该放手让孩子去做。要知道，父母包办得越多，孩子动手的机会就越少，能力就越弱。只有父母充分信任孩子，孩子才可以真正地做自己的主人。

每一个孩子都需要父母的信任。给予孩子充分的信任感，会让孩子觉得自己是对的，并更愿意与父母沟通。可以说，父母的信任是孩子建立自信的催化剂。父母选择信任孩子，孩子的内心就会感到非常愉悦，亲子关系也会更加融洽。

父母的信任就是对孩子最好的激励，这是真正触动孩子心灵的动力。从教育效果看，信任是一种富有鼓舞作用的教育方式。因此，父母应该多给孩子一些信任。

父母这样做

第一，相信孩子的能力。相信孩子，就是要相信孩子潜能无限，有无限的理解力，有无限的想象力，有无限的创造力。相信孩子是个天才，能成才，相信孩子有一颗向上向善的心。即使孩子遭遇挫折、遭遇失败，犯严重错误，不管别人怎样看，父母的这种信念一刻也不能动摇。

第二，有信任才有教育。只有父母充分相信孩子，孩子才会相信父母，真正相互平等有效地沟通才会开始，真正的教育才会开始。相反，如果父母对孩子不信任，会直接导致孩子对父母的不信任，也就加剧了父母与孩子之间的不理解。不论什么原因，如果父母对孩子不能怀有信任的态度，如果没有让孩子感觉到父母对自己的信任，教育不仅没有正效应，反而会激起孩子强烈的反抗心理，最终使家庭教育一败涂地。

03 赞赏的语气

情景案例

放学了,小兴欢快地奔向站在校门口的爸爸:"爸爸,我告诉你一个好消息,我得了一支……"话刚到嘴边,小兴一不小心被脚下的石头绊倒了。爸爸一看女儿摔倒了,急忙跑过去,一把将孩子扶了起来,一边帮孩子拍打身上的尘土,一边说:"乖女儿,你有没有磕着哪里?"

小兴根本没有理会爸爸说的那些话,仍然兴奋地说:"爸爸,你知道吗?我今天终于凭着自己的努力获得了一支铅笔……"

爸爸一听,并没有像孩子那样高兴,只是轻描淡写地说:"得了一支铅笔又怎么样啊?你看看,你妈昨天刚刚给你买的新裤子,今天就弄脏了。"

小兴根本没有把心思放在自己的裤子上,仍然对爸爸说:"爸爸,老师真的奖励我铅笔了!"

爸爸不屑一顾地说:"别磨蹭了,妈妈还在家里等着我们一起吃饭呢,快走吧!"

20分钟后,爸爸和小兴一起从公共汽车下来。这时,小兴发现地上有一个可乐瓶,就对爸爸说:"爸爸,你等我一下,我把垃圾捡起来。"爸爸有些不耐烦了,拉着小兴的手越走越快,说:"不就是一个垃圾吗?有什么大不了的,听爸爸的,咱们还是快走吧!"小兴坚持要捡起来,突然停下了脚步。

爸爸有些生气地说:"快走!你怎么这么不懂事呢,妈妈还

父母的语言

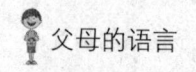

在家里等着我们吃饭呢。"小兴没有办法,只好垂头丧气地跟着爸爸回家了。

心理分析

很多父母知道,孩子是需要赞赏的。也常常听到有人说:"好孩子是夸出来的。"在我们的周围,也能听到一些父母对孩子毫不吝啬的夸奖:"儿子,你真棒!""闺女,你太聪明了!""你真是好样的!"鼓励孩子,让他们更自信,更努力,本来无可厚非。但是,与批评孩子需要艺术一样,赞赏孩子同样需要艺术。如果简单地把赞赏孩子看成是不管孩子做什么,也不管孩子做得怎么样,总是用"很棒""很乖""很好"之类的词语去赞赏孩子的话,其结果往往是"赞"而不"赏",甚至会违背赞美孩子的初衷。

赞赏孩子是父母常用的教育孩子的手段。细细审视父母对孩子的赞赏,会发现许多赞赏激动人心、催人奋进。在这些赞赏的激励下,好学上进、从自卑走向自信的孩子越来越多。

然而,许多父母似乎不知道什么是赞美。在他们的嘴里,总是孩子的缺点和错误,似乎孩子一无是处。对待犯错误的孩子,他们总是数落一通,让孩子低头认错、检查反思。殊不知,没过两天,依然如故,也许更甚。这样的教育方式,不仅没有达到目的,而且严重损伤了孩子的自尊。

适度夸奖、赞美,能够满足孩子的多种需求,如价值感、胜任感、自信心等。在日常生活中,父母如果能够对孩子在学习上或一件小事情给予夸奖与赞美,可以满足孩子的成就欲,并让孩子树立起自信心,不断向更高层次挑战和探索,从而赢得更多、更大的成功,以获得父母的再次奖励。所谓的奖励,可以是一句赞美,也可以是一件小小的礼物。

此外,夸奖、赞美对于培养孩子良好的行为习惯和道德品质起着积极的作用。孩子与成人不同,他们的自制能力较差。从这一方面来说，父母的正确引导与积极夸奖对于孩子起着至关重要的作用。适度的夸奖、赞美，对于孩子来说是一种驱动力，让孩子更乐于这样做。当然，孩子真正得到赞美时，孩子会自己告诉自己："只要我这样做，我就可以得到奖赏，爸爸妈妈会更加喜欢我。"当孩子第二次或更多次碰到这样的事情时，就会知道应该如何才能做得更好，从而发生"行为迁移"。时间久了，孩子就会不自觉地形成良好的行为习惯。与此同时，孩子的自我约束力也在不断增强。

父母给予孩子适度的夸奖、赞美，有利于增强孩子对父母的信任感。对于孩子的成功，父母能够及时给予肯定与赞美，家庭将更加和睦，有助于父母与孩子之间建立亲密无间的关系，从而让孩子产生信任感。这主要是因为，从一定意义上来说，父母对孩子的夸奖、赞美，更能说明父母对孩子的爱护与尊重。

总而言之，孩子需要父母的赞美。对于孩子来说，赞美是父母给予他们的最好礼物。

父母这样做

第一，教育，请从赞美开始。其实，赞美是很简单的，一句温馨的话语、一个爱抚的动作、一次表现的机会往往就蕴涵着赞美，就能生动地表达父母对孩子的赏识。实事求是的赞美，就像一剂良药，能够愈合孩子因为犯错而引发的心灵创伤和悔恨，除去心头的症结，矫正行为的错误，树立改过的信心，点燃向善的正气。一个成功的父母，总是不吝啬赞美孩子的语言。作为父母，应想尽一切办法，走进孩子的心灵，向孩子的心灵播撒阳光，让孩子在得到心灵呵护的同时，也能尽情地享受成功所带来的喜悦。

第二，赞赏的内容要具体。一些父母喜欢用"很棒""很乖""很好"之类的词语去赞赏孩子。"棒""乖""好"都是抽象的字，本身的意义只是反映父母的一些主观标准，孩子无法因此理

父母的语言

解和学习到正确的自觉行为。充其量，孩子只能学会听父母的话。但是，到底有什么样的行为才能得到这样的赞赏呢？孩子是无法清晰地领悟到的。让孩子明白父母要表达的意思，并且学习到好的行为，父母就要避免使用上述抽象的字，而应直接说出孩子受到赞赏的原因。例如，第一次孩子与访客分享他的糖果时，父母可以说："宝贝肯与别人分享自己的糖果，表明你是大方、慷慨的人。"在第二次分享时，父母可以说："我们都喜欢宝贝的糖果，但现在我们有重要的事讨论，暂时不想吃糖果。等我们想吃的时候再向你要，好吗？"孩子得到父母和客人的尊重时，就会较容易接受建议和做出相应的良好行为，便不会做出不恰当或不适时的事，更不会因此受到斥责了。

第三，赞赏的语言要发自内心。当孩子取得进步时，父母自然的、真实的反应是对孩子最大的肯定。只有真诚地赞赏，才能对孩子的心理发展起着积极的作用。赞赏时，语气和语调要自然，而不是华而不实。赞赏要使用直接的肯定语言，具体指向孩子所取得的特别成绩和值得注意的努力、认真和毅力。在培养孩子时，要善于发现孩子的点滴进步。如果孩子有了进步，就说明孩子付出了努力，取得了成绩。无论孩子付出了多少努力，取得了多大的成绩，都要及时加以肯定，让孩子感受到父母真诚的赞赏。这是因为，父母的激励最能调动孩子的积极性，孩子会加倍努力，所取得的进步一定会积少成多、由小变大，实现从量的变化到质的飞跃。质变是由量变引起的，平时大量的表现是小的进步，由这些小的进步积累起来，才能有大的进步。所以，当孩子表现出很小的进步时，不要吝惜，竖起我们的大拇指，发自内心地告诉他："你做得很好，我为你的行为感到骄傲……"

第四，赞赏的语气要有感情色彩。父母在对孩子赞赏时，要以纯洁健康的心态、积极的情感，与孩子进行心与心的交流。孩子感到父母对自己的赞赏是诚心诚意的，就会用父母的道德标准、价值观念、知识水准来升华自己原来的道德标准、价值观和知识水准。父母在赞赏孩子时，还要以理服人，而不能简单地说"对""很好"等。要把为什么值得赞赏用简洁的语言说透，使孩子从情感上受到感染震动，从而心悦诚服，从中获得鼓舞和力量，产生积极向上的内在动力。

第五，赞赏的事情要实事求是。实事求是地赞赏孩子是指父母赞赏孩子取得的成功时要一是一、二是二，不言过其实。虽然多数孩子乐于接受父母的赞赏，但他们也有自知之明，能正确辨别父母对自己的赞赏是否符合实际。对父母不切实际的赞赏，孩子总感到不是滋味。事实表明，实事求是、恰如其分的赞赏能使孩子产生一种激动人心的愉悦感，使孩子的心态和思维保持最佳状态。反之，就会产生消极影响。一方面，会使孩子对认知正误产生模糊、对父母知识能力、目的、动机产生怀疑。另一方面，在多子女家庭还会引起其他孩子对父母赞赏的不服，甚至会引起其他孩子对被赞赏者的讥笑和讽刺，导致孩子之间的矛盾。

04 商量的语气

情景案例

妞妞是个美丽的小女孩，乖巧听话，人见人爱。妞妞虽然听话，但也有自己的主见，之所以很少因为妈妈不采取自己的意见而大吵大闹，总是表现得听话懂事，是因为妈妈经常以商量的口吻谈论她的事情。

一次，妈妈想给妞妞报兴趣班，就同妞妞商量："妞妞，妈妈看很多同学都报了兴趣班，也想给你报一个，你觉得呢？"妞妞摇摇头说："我不想报，报了班就没有时间玩了。我们班里的淘淘报了兴趣班，结果一点都不快乐。""不会的，妈妈就帮你报一个你喜欢的班，这样子你就能体会到学习的乐趣了。你看呢？"妞妞听妈妈这样说，低头想了一会儿，高兴地说："行啊，我喜欢画画，你给我报个美术班吧。"就这样，妈妈与妞妞把这件事情确定了下来。

心理分析

在传统的中国式家庭里，往往是父母说一不二，强行决定孩子必须怎么做，禁止做什么。虽然现在是一个追求民主，倡导个人权利的时代，但在现代家庭中，父母仍然习惯以父母的姿态教育孩子。比如，在家里出现争执时，无论有没有道理，父母总是习惯于以"都是为了你好"的理由来代替孩子做出决定。这样一来，强调了父母作为父母的尊严、权威，迫使孩子服从自己的意愿，却使得孩子逐渐丧失了自己的见解与思想。

很多父母把自己放在一家之长的位置，习惯于带着主观情绪色彩，以充满主观批判性的语言去数落孩子。在这种情况下，孩子是断然不会平心静气地思考信息内容有多少价值的，他更多感觉到的是，自己的错误被夸大以及被否定的挫败，所以他会压抑。如果父母对孩子运用了批判性的语言，将会让良好的初衷消失殆尽。尤其当亲子关系已经非常紧张的时候，批判性语言无疑会成为沟通中断的重要原因。

父母与孩子之间，多因彼此不了解而发生误会，多因缺少沟通而产生矛盾，最根本的原因就是父母没有和孩子进行平等交流。如果父母学会做孩子的知心朋友，那么这一切问题都会迎刃而解。许多父母面对和孩子无法建立良好亲子关系的问题，不仅没有认识到自己教子方式的失误，反而对孩子施以更严重的惩罚，最终导致孩子与父母的关系越来越糟糕。

父母应该随时记住，孩子是家庭中的重要成员之一，遇事要主动征求孩子的意见。当孩子表示不满或者反对的时候，应该心平气和地给孩子解释，争取得到孩子的理解，而不能强迫孩子服从，甚至叱责孩子。这样做，不仅有利于孩子建立良好的个人权利意识，而且有利于孩子养成尊重他人的好习惯。

无论有多忙，父母每天都应该抽出一定的时间来陪伴孩子，因为只有陪伴在孩子身边，才能满足孩子对亲情的需要，孩子才能体会到父母特有的关爱；也只有多陪伴孩子，父母才能够更多地了解孩子的真实需要，给予孩子及时的关怀和帮助，让孩子快乐地成长。

每一个孩子都会出现与父母意见不一致的情况，都希望父母能够尊重自己的意见。毕竟，许多事情都需要孩子付出努力才能实现。如果父母忽视了孩子的主观能动性，一味用父母的威严来压制孩子，孩子即使口头上同意了，内心也无法产生努力的动力。在这种情况下，孩子已经感觉简直就是受罪，怎么还可能与父母和睦共处呢？

父母的语言

因此，父母一定要把孩子的事情交给孩子自己处理，父母的意见只能通过建议或协商的方式传达给孩子，帮助孩子全面认识问题。

英国教育家斯宾塞说："对孩子要少下命令，命令只有在其他方式不适用或失败时才用。要像一个善良的立法者一样，不会因为去压迫人而高兴，而因为用不着压迫而高兴。"商量的魅力在于，使自己学会从别人的角度思考问题。两代人的沟通，最重要的是相互尊重、相互理解。而实现相互尊重、相互理解的方法就是学会商量。亲子之间的协商非常重要，协商能够让孩子感觉受到了父母的尊重。

学会与孩子商量，在子女的教育中还有更为重要的一个方面，那就是对孩子提出的要求，父母不能满足或不应满足时，不应粗鲁而简单地拒绝：不行！不准你去！或者，在父母提出的要求得不到孩子的同意时，父母也不应简单地采用命令方式：这事已经决定了！

父母学会与孩子共同商量，既可以增进相互的理解，也可以避免家庭中一些无谓的争吵；而且更重要的是，它可以教会孩子在社会上怎样做人和与人共事。我们在日常生活和工作中，只要与人相处，分歧是不可免的。所以，亲子之间也会出现这种问题。

随着年岁的增长，孩子在喜好、兴趣甚至交友诸方面的看法都会与父母有分歧。这时，父母对孩子的一些喜爱与兴趣绝不能简单地禁止。而应在充分尊重的前提下与孩子友好协商，以求得共识或找出正确解决的途径。

喜欢与孩子协商的父母是民主的父母。在这样的家庭氛围中，孩子渐渐会养成民主协商的习惯，都会愿意主动与父母进行沟通，这样的亲子关系是非常令人羡慕的。当然，父母要始终牢记：凡是有关孩子的事情，都不要忘了他们才是事件的主角，一定要征询他们的意见，这样他们才会心理平衡，也会更加乐意与父母进行交流。如此一来，面对人家和谐的亲子关系就不用羡慕嫉妒恨了!

父母这样做

第一,要为孩子营造民主和谐的成长氛围。我们做父母的总是喜欢在孩子面前端着架子,一脸严肃,一本正经,动不动就对孩子呵斥一番、教训一顿,令孩子敬而远之。原以为这样才有威信,其实大错特错。相反,父母应放下架子,与孩子平等交流,给予孩子必要的尊重和理解,才能真正赢得孩子的信赖。父母一味居高临下地俯视孩子,自然会加剧孩子的紧张恐惧心理。很多父母都忽视了这一点,没有做到与孩子平等交流。更有甚者,有的父母完全剥夺了孩子的发言权。父母不能控制孩子的发言权,要给予孩子表达思想的空间,做孩子忠实的听众、知心的朋友,这样才会加大孩子对父母的亲近度。要想教育好孩子,必须多方了解孩子的需求,因为需求驱动着他们的行为。提倡民主,反对专制,并不意味着对孩子百依百顺,真正的民主与尊重是对孩子负责任的关注与约束。不管孩子对错,都要给孩子一个表达的机会。被判了刑的人还有上诉的权利呢,何况孩子的一些小事,而且父母还有可能是误解了孩子。所以,为孩子营造民主和谐的成长氛围,首先就要倾听孩子的心声。由此,了解事情的原委及孩子的内心需求。这种倾听是平等交流的基础,只有相互沟通,彼此了解,才能真正实现家庭的民主和谐。

第二,要学会做孩子的听众。随着现代社会生活步伐的提速、竞争压力的加剧,父母常常由于工作忙碌,而无法留给孩子充足的时间,陪着孩子一起成长。现代父母不应该只是努力为孩子创造一个良好的物质环境,而应该抽出更多时间,去了解孩子的性格、兴趣,让自己和孩子的心灵更为亲近。其实,在成长的过程中,孩子的最佳听众、最想说话的人便是父母,每天哪怕是一小时、半小时,甚至是一刻钟也好。有的时候,父母对孩子要耐心倾听。现实中成年人的偏见是很多的,觉得孩子没有什么思维，孩子很简单，孩子很幼稚，孩子不懂事。其实未必，没有倾听就没有发现。有的时候，孩子表达的只言片语都是真实的、可贵的信息。我们要学会翻译，学会继续去问。比如，你可以温柔地拥抱着孩子，问他："是吗？怎么回事啊？"让孩子用平静的心情把事实断断续续地说出来，这个时候你才能得到重要的信息，才能作出恰当的判断。所以说，倾听是一种爱，倾听的艺术就是教育的艺术。很多父母都能说会道，但却很少倾听孩子的心声。我们把大量的时间用来批评和教育孩子，却忽略了倾听孩子真正的想法。常有父母这样抱怨："真不知道我家孩子是怎么想的，为什么总是不肯好好听我说话？"那么，作为父母，你有没有听过孩子说话呢？父母也希望通过有效的沟通，把孩子培养好，但父母能否走进孩子的内心世界，能否用心聆听孩子的心声，是沟通成功与否的关键，沟通不畅还怎么教育孩子呢？从某种意义上来说，培养的过程也是培养者和被培养者平等对话、双向交流的过程。为实现平等对话，父母必须放下架子，主动接触孩子。父母要树立这样的观念：父母和孩子是平等的，每个孩子都有被尊重和信赖的需要。只有让孩子体会到父母对自己的尊重，孩子才能更加信任父母，沟通才能更有效，育子才能更轻松。

  第三，要给孩子表达的机会。不少孩子有这样的经历："每当我和父母的意见不一致时，他们就以势压人，不让我说话，有时批评的根本不是那么回事。"父母不允许孩子发表自己的意见，也不调查问题的来龙去脉，而是一味地大发脾气，严格地说，这种做法是违背教育宗旨的。其实，父母和子女发生矛盾在所难免。作为长者，父母应该让孩子把意见讲述完，要耐心地倾听。如果不等孩子把话讲完，父母就主观臆断地下结论，必然会带来一系列消极后果。其中，孩子的逆反心理将会表现得十分强烈。每个人都盼望别人尊重自己，孩子也不例外。父母只有尊重孩子，所说的话才会发生效用。在许多争论中，孩子往往是站在真理一边的。

05 鼓励的语气

情景案例

公交车站牌下,一对母子正在等车。一阵大风把妈妈的围巾撩了起来,妈妈想用手按住围巾,可是手里还提着皮包,非常不方便。看到这个情形,小男孩主动对妈妈说:"妈妈,我帮你拿包吧。"妈妈犹豫了一下,还是把皮包递给了小男孩,然后整理她的围巾。

没想到风更大了,小男孩一不小心,把皮包掉在了地上的水洼里。小男孩马上把皮包捡了起来,一脸的惊恐。妈妈的脸色立刻变得非常难看,厉声训斥小男孩:"你怎么连个皮包都拿不住啊?你看,包都脏了,你让我怎么拿?你真笨……"

小男孩一声不吭,眼泪却哗哗地涌出来。

母亲的训斥一定伤透了孩子的心。以后再有这样的情况,小男孩还会主动从妈妈的手里接过皮包吗?而如果妈妈的反应不是这样呢?

妈妈看到小男孩惊恐的表情,先从孩子的手中接过皮包,用纸巾擦干净,然后对孩子说:"没事的,你看,皮包擦擦就干净了。"

"我不是故意的,妈妈你不怪我吧?"孩子小声地问。

"当然不怪你。你能主动帮我拿皮包,说明你很有爱心,很乐于助人,这让妈妈很高兴。"妈妈抚摸着小男孩的头说。

"可是皮包掉在水洼里了。"小男孩还是很后悔。

父母的语言

"我知道你不是故意的。每个人都有不小心的时候,妈妈也犯过这种错误,不过妈妈以后就特别注意了,相信你也会吸取教训的!"

"嗯,我以后不会再犯这种错误了,我还想帮你拿包,好吗?"孩子说。

"好啊,妈妈相信你!"说完,妈妈又把皮包交给了小男孩。公交车来了,母子俩高兴地上了车。

心理分析

我们要想让孩子在快乐中成长,就必须学会赏识和鼓励孩子。当今社会,独生子女的物质生活条件很优越。在物质要求达到满足后,他们更渴望精神需求的满足,渴望得到周围成人特别是父母、老师的关注和赏识。赏识所产生的激励作用是巨大的,它能提高孩子的自我价值感,对自己会更有自信,并能以更高的热情去接受新的事物。

所以,父母要学会在日常生活中去寻找、发现孩子的闪光点,积极为他们创造条件,使其闪光点充分燃烧。在实践中,父母要时时把握赏识教育孩子的机会。例如,当孩子遇到困难时,当孩子遭到失败时,当孩子胆小不敢尝试新事物缺乏信心时,当孩子做了一件似乎不能做好的事时,父母都应给予鼓励,给予孩子一个微笑,告诉孩子:"你行,我相信你……"孩子有了父母的鼓励就会感到有一股强大的力量在支撑着自己,从而对自己更充满自信。接着,当孩子产生什么事都想自己尝试时,当孩子学会独立进餐时,当孩子学会自己穿、脱鞋子时,当孩子兴致勃勃地想帮父母做事时,父母都要由衷地肯定孩子的行为,如竖起大拇指告诉他:"你做得很好,我为你的行为感到高兴。"这样一来,孩子看到了自己的优点与成绩,优点与良好的行为就会得到强化,孩子的自信心就会越来越强。

鼓励能将孩子变成天才。爱迪生就是一个很好的例证。伟大的发明家爱迪生,小时候是一个"问题"孩子。但是,妈妈没有对爱迪生那些异想天开、稀奇古怪的问题不予理会,而是用鼓励的方式教育爱迪生,让爱迪生从小就养成了善于思考、勇于探索的良好习惯。这最终也成就了爱迪生,并且让他对人类社会的发展做出了巨大的贡献。

实际上,大多数的天才都是后天培养的,而通过天才的成长经历,我们得知鼓励就是教育孩子的最好的方法。犹如禾苗的茁壮成长需要阳光和雨露,孩子的成长也需要赏识与鼓励。如果没有了赏识与鼓励,就像禾苗没有阳光、雨露,就难以茁壮成长。

抱怨与批评导致失败,而赏识与鼓励促进成功。鼓励是孩子成长的催化剂,能把孩子的潜能充分地调动起来,让孩子保持良好的状态,使孩子终身受益。因此,父母要善于鼓励孩子,鼓励能让父母的教育达到事半功倍的效果,让孩子成为天才。

父母这样做

第一,适当夸大孩子的进步。经常会有些父母因为自己的孩子表现得不够优秀而对孩子感到失望,这些父母甚至会把这种消极的情绪传染给孩子,让孩子对自己逐渐变得没有信心。父母要做孩子的伯乐,善于发现孩子的长处,鼓励孩子,孩子可能就会从平庸走向卓越。因此,父母要善于发现孩子的闪光点,适当夸大孩子的进步。不管孩子的进步是多么微不足道,父母都要及时给予肯定与鼓励,这样才能使孩子处于积极向上的环境中,保持良好的成长状态。

第二,在孩子犹豫迟疑的时候给予支持和鼓励。鼓励最能发挥作用的时候,应该是孩子想"跳"又有点怕的时候。这时,鼓励就像一只有力的手,在孩子后面用力推一把。值得注意的是,父母要尽量少用奖励诱惑孩子。孩子毕竟不是马戏团的动物,奖励虽然会有效果,但也常会有副作用。父母要让孩子前进的动力来自自身,而不是外在的诱惑。父母不要过分强调孩子的潜能,不要时刻强调孩子"一定能行"。这种办法对一部分孩子管用，而对另一些天性比较胆怯的孩子来说，可能反而会增加心理负担。父母可以给孩子一个示范。如果你玩过一些刺激性的游戏，如拓展或蹦极，你就会有这种体验，你前面的那个人对你会有很大的影响。如果排在你前面的人玩得很顺利，而且兴高采烈，你也会跃跃欲试；相反，如果他怕得要死，你恐怕也会有些犹豫。孩子更是这样，给他一个漂亮的示范，孩子的信心就会增强。父母要引导孩子设想自己成功的样子，在头脑里细致地描绘这幅图画，让它越来越清晰，清晰到如同身临其境。这种方法在心理学上已经得到了肯定，它能有效地增强人的信心。父母可以对孩子说："你放手去做，做好了算你的，做坏了算我的。"让孩子解除对失败的恐惧，这也有利于增强孩子的勇气。

第三，在孩子失败的时候加以鼓励。孩子失败的时候最需要鼓励。如果这时不鼓励孩子，孩子可能得到的不仅是失败，而且还有失败留给他的沮丧心情，这可比失败本身可怕多了。而有了这件武器，孩子就能从失败中得到一些可贵的东西。父母不要讳言孩子的失败。失败就是失败，怎么样也不能把失败说成成功，这是没有说服力的。同时，也不能把失败完全归因于客观因素，要让孩子正视自己的失败。这是人生的第一课，也是很重要的一课。父母不妨多与孩子讲讲人们失败的例子，历史故事也好，名人轶事也好，自己的亲身经历也罢。总之，让孩子知道，失败是每天每时每地都在发生的，每个人都会遇上的。这是人生的常态。父母要引导孩子想一想"我得到了什么"。成功与失败并不是对立的，它们不过是一种比较。有时，成功只是比失败多了一点点。

第四，鼓励孩子，父母要和"质疑"说再见。恰当地鼓励能让孩子变成天才，父母鼓励孩子，一定要和"质疑"说再见。这就是说，当孩子征求父母的意见的时候，父母不要用质问的语气回答孩子,而要用肯定的语气鼓励孩子。当父母用"你能做好吗""要不再看看吧""不行就算了吧"这种不确定的语气回答孩子的时候,孩子就会得到消极的期望。那么,孩子也会因此怀疑自己做事的能力,在具体做的时候就容易半途而废,结果也往往以失败告终。因此,父母要经常对孩子说:"别着急,慢慢来,爸爸妈妈相信你!""多给自己一些信心,你会更棒的!""爸爸妈妈相信你能做得更好。"这才是父母鼓励孩子的最佳选择。

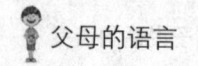

06 平等的语气

情景案例

雨泽在一所远近闻名的中学上初中一年级。作为一个已经13岁的男孩子，他也面临着同龄人都遇到的烦恼：经常受到父母的无端指责。这让他烦恼至极。

一次，迷恋足球比赛的雨泽，将自己的偶像贝克汉姆的照片贴在房间的墙壁上。那天，他按时从学校回到家，然后开始在房间写作业。哪知妈妈不敲门就撞进来，劈头盖脸地骂道："我就说你怎么一进初中之后，成绩直线下降呢，原来成天看这些不正经的图片啊。你看他把头发染得这么黄，这发型就跟那丘陵似的，恶心不恶心啊？"

雨泽心里难受极了，但他知道，如果自己反驳，一定会受到更大的非难。因此，他始终一言不发，心里却在想：为什么妈妈要对我喜欢的东西这么挑剔呢？

心理分析

许多父母都像案例中雨泽的妈妈一样，对孩子喜欢的东西，不分青红皂白地大加指责，根本没有将孩子当成一个平等的主体来对待，不会尊重孩子所喜欢的东西，更不会花心思去了解孩子关心的事情。

很多父母都有这样的困惑和不解，为什么孩子越来越不听话了？为什么孩子有什么话宁肯憋在心里，或者和同学、朋友说，也不愿意和我讲了呢？其实，这个让父母百思不得其解的问题的答案很简单,那就是父母不能和孩子坦诚、平等地交心。在孩子眼里的父母是高高在上的,孩子会感觉和父母之间没有共同语言。久而久之,父母和孩子之间就会产生严重的代沟。

父母与孩子是两代人,生活的大环境存在着巨大的差异,关心与喜爱的东西肯定有所不同。但是,这并不表示父母与孩子之间必须有一方妥协。在现实生活中,常常是父母掌握着绝对的权威,命令孩子遵从自己的要求。

其实,亲子之间的差异,完全可以通过平等的交流来获得相互信任与相互理解。但是,许多父母却认为自己高孩子一等,总逼迫孩子顺从自己。孩子即使迫于无奈,表面顺从,内心却还有自己的想法。这样缺乏一致心意的亲子双方,很难实现家庭教育的初衷。

在传统社会,孩子往往是从父母或长辈那里获得知识与经验的,年长者在孩子心中具有很高的权威。但在现代传媒快速发展的今天,孩子获取信息的渠道增多了,他们在很大程度上不再需要依赖父母与长辈的口耳相授了。因此,不经意中,父母的权威在孩子心目中削弱了。

在这种大环境下,父母如果还不能及时地调整策略,平等地对待孩子,抱着"与孩子共同学习与进步"的信念来教育孩子,那么家庭教育便注定成为悲剧。

中国科学院心理研究所曾对全国各地60多名"高考状元"进行调查,结果显示,这些孩子的父母都十分理解孩子,其教养方式非常民主。当孩子在填报高考志愿或者做其他重要人生选择时,父母会给出一些指导性的意见。但是,如果孩子有自己的选择和考虑,父母也会尊重孩子的意见,不会强迫孩子按照父母的要求去做。

由此可知,只有平等地对待孩子,才能让他们愿意倾听父母的意见与想法,这样父母才有机会将自己的想法真正传达到孩子那里。因此,父母应该平等地对待孩子,让孩子获得更加自由的

父母的语言

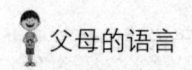

发展。

父母这样做

第一，理解什么是平等。什么是平等？在家庭之中，许多父母节衣缩食，去满足孩子的一切物质需求。但在精神上，他们却掌握着绝对的权威，从来都是不平等地对待孩子。因此，父母有必要了解一下，什么才是真正的平等。在家庭教育中，父母应该明白，平等意味着尊重孩子作为一个独立的个体的权利，尊重孩子的喜好，不强迫孩子去做不愿意做的事情。当亲子双方意见不一致时，如果事关孩子的前途与未来，就应当将决定权交给孩子。

第二，像对待朋友一样对待孩子。当朋友与孩子做出同种行为时，父母的态度差别大吗？如果这种差别很大，就说明父母并没有真正平等地对待孩子。当父母与孩子对同一件事情有不同看法时，父母应该想想平时与朋友出现分歧时是如何解决的，而不应该动用父母的权威来强迫孩子。实际上，这种强迫就是一种不平等对待孩子的行为。

第三，树立"向孩子学习"的理念。在这个信息高度发达的时代里，父母应该树立"向孩子学习"的理念，这样才能更好地听从孩子的建议，平等地对待孩子。例如，孩子对家庭的财务或其他方面提出建议时，父母应该耐心听取。如果他们的建议不合理，父母应该条分缕析地向孩子说明原因，使孩子下次能够思考得更加合理、更加完善。

第四，抛弃陈旧、腐朽的权威观念。时至今日，"君君臣臣父父子子"的传统观念依然大有市场，使得中国的父母总是高高地凌驾于孩子之上，不能平等地对待孩子。因此，父母必须抛弃这些陈旧、腐朽的权威观念。观念的更新是缓慢的，但并不是不可行的。父母可以多看一些包含先进家教理念的书籍与电影，更新自己的观念，不再把自己当成权威的化身。

Part3 蜕变：改变对孩子说话的语气

第五，不轻易否定孩子的想法。孩子的想法是幼稚的吗？许多父母都会作出肯定回答。他们认为，孩子的话充满趣味性，可以带来乐趣，却没有认真考虑的价值。这对于孩子来说是不平等的。当孩子突然冒出一个想法时，许多时候这种想法是不符合实际的，但孩子的态度却是认真的。此时，父母可以耐心地为孩子分析、计划，而不应该轻易否定他们的想法，说一些伤害孩子的话。

07 关爱的语气

情景案例

一天，9岁的乐乐给妈妈写了一张纸条，上面写着："家里人都不喜欢我，谁爱我？"

简单的一个"爱"字，让这位母亲想到很多。看到这张纸条，她马上放下手上的事，和乐乐坐在一起聊了许久。

从此，每天只要有机会，这位母亲一定会对孩子说："我爱你。"这是因为，母亲要让儿子知道，父母永远是他的朋友，是最爱他的人。

心理分析

爱是教育孩子的基础，没有爱就没有资格谈去教育孩子。但仅仅爱孩子是不够的，父母还需要学习表示爱、传达爱的技术。

父母的爱是无私的，但并不是每一个子女都能感受到。有的父母"望子成龙、望女成凤"心切，就采取一种很严格的方法对待孩子，导致孩子时刻生活在负面阴影之下。这样的结果，常常会引起亲子关系的紧张及破裂。

事实证明，我们的家庭教育存在一些误区。在爱孩子的问题上，许多父母多是出于本能的爱，却不重视爱的表达方式，不会施爱，因而使孩子体会不到父母的爱。所以，父母应该学会把爱以适当的方式传递给孩子。这样一来，孩子才会从内心深处真正感受到父母的爱。

再浓烈的爱，如果孩子感受不到，是没有任何意义的。爱就像阳光,无论父母心里的爱多么强、多么大,如果孩子感觉不到,他就会觉得冷,就会处在阴暗中,就会不太健康,就会出状况。

父母对孩子的爱,一定要让孩子感受到。很多研究表明,感到被爱的孩子,有更好的社交能力,学习起来也更有热情。所以,父母要有意识地表达对孩子的爱,让孩子沐浴在爱的阳光中。只有让孩子感受到父母的爱,孩子才会体验到自己在爱的怀抱中,才会感觉到幸福与安全,才会对父母心生感激。

总之,父母千万不要把对孩子的爱埋在心中,而是要用合适的方法体现出来,让孩子能够接收到父母爱的信号,这样孩子与父母的关系才会由僵持走到缓解、由一般走向融洽,教育孩子的一切问题都会在这良好的关系中得到有效的解决。

父母这样做

第一,对孩子说出"我爱你"。中国人的感情比较含蓄,不习惯于轻易表达,特别是"我爱你"这三个字,以至于尽管父母爱孩子爱得很深切,但孩子却感受不到。爱要大声说出来,父母常常只做不说,长此以往,孩子不但不理解,有的还会产生"爸爸妈妈对我太严格了,根本就不爱我"这样的想法。一句"我爱你"是一种向孩子传递爱的有效方式,会让孩子感受到父母的爱和依赖。只要当你心中有所感,便要说出来让他知道。同时,父母也要教导孩子适时地表现自己的感受。

第二,用拥抱表达对孩子的爱。孩子天生就需要被关爱,需要父母的爱抚和拥抱,无论男孩还是女孩都是如此。让孩子感觉到父母爱自己,感受到自己的重要性,对于培养孩子的自尊、自爱、自信是相当重要的。孩子的情感表达方式最简单,也最直接。对孩子来说,最好的表达爱的方式就是去拥抱他。拥抱孩子,进行亲子之间身体的相互接触,是传达爱意和亲情的良好沟通方式。父母可以通过这样的亲昵来表达自己的爱。这种爱的表

父母的语言

达方式让孩子在关爱的浸润中成长,造就了孩子健全的心理、良好的道德品质,为孩子的健康成长和全面发展奠定了必要的基础。

第三,送给孩子爱的礼物。赠送礼物是表达爱的有力方式。事实证明,赠送礼物的效果常常会延续到好几年以后。最有意义的礼物会变成爱的象征,而那些真正传达爱的礼物,则是爱之语的一部分。赠送孩子的礼物,最终都会成为父母的爱的具体表现。

08 包容的语气

情景案例

于晓波是个正在读初中的孩子,他很喜欢画画,还在杂志上发表过一些插画作品。但是,面对高考的压力,妈妈觉得他的不务正业会耽误学业,所以再也不让他参加任何绘画比赛,甚至连学校组织的绘画比赛都不让他参加。

为了让孩子彻底打消画画的念头,全心投入到学习中,妈妈将于晓波所有关于绘画方面的书籍都送给了别人,把他的一大本习作都烧了。而当于晓波抗议的时候,妈妈就不厌其烦地给他解释,现在最重要的只有考试,画画是不务正业,要将画画的时间都利用起来复习,才能考一个好学校。

对此,于晓波感到非常苦闷,但也只能听从妈妈的意见,不再画画,把画画的时间用于学习功课上。然而,这并没有让他的学习效率提高,反而还不如以前的学习效果好,因为他每次一翻开书本,就觉得很烦躁,而以前还可以用画画调剂一下。

心理分析

每个人都希望被人关注,孩子更是如此。那些眼睛只盯着孩子缺点的父母,对孩子的一些良好行为总是视而不见,或是觉得孩子做得好是理所当然,不值得大惊小怪,而孩子的一些不良行为往往容易引起父母的注意。结果,孩子就会选择引起父母注意的负面行为,而不愿选择父母毫不理会的行为。

父母关注什么行为,这种行为就会逐渐形成孩子的习惯。因此，父母应多关注孩子好的一面，对良好行为给予及时的肯定与奖励，淡化孩子的缺点，对孩子的不良行为采取漠然处之的态度，使他没有加深对不良行为的印象的机会。

父母之所以对孩子有那么高的期望，无非是为了孩子能够有一个光明的前途。可是，仔细分析的话，大多数父母都会将自己想做而未做成的事情强加到孩子身上。除了希望自己的孩子健康、聪明、漂亮，还会给他们设定很多既定的目标。但事实上是很难的，世上没有十全十美的孩子，也没有十全十美的好事。正因为如此，中国才有"母不嫌子丑"的古语。别人看来不好看或不聪明的孩子，在父母的眼中却总是聪明可爱的。不过，这通常是指很小的时候。事实上，如果孩子有些天生的缺陷，再加上淘气不听话，父母除了痛心以外，有时难免会有厌恶感。

很明显，父母所产生的这种厌恶感是不对的。孩子每天都会发生这样那样的问题，面对这些问题，有的父母对孩子非常严厉，要求孩子能够纠正所有的缺点和错误。这样做只会有两种结果：一种是孩子事事都顺着父母，长大以后，也会变得非常没有主见，缺乏创造力，做事情很被动；还有一种是孩子奋力反抗父母，甚至会出现离家出走这样的极端行为。

中国的父母最大的教育问题就是不允许孩子犯错，不能容忍孩子的缺点。对于一个正在成长的孩子来说，父母应当尽量宽容地对待孩子的缺点，并纠正其缺点，这对孩子学习的积极性和创造力的培养非常重要。

有的父母总是嫌弃孩子，对孩子有诸多不满。每次孩子没有让父母满意，都会遭到父母的冷落和怠慢。这样只会让孩子的情感得不到满足，精神一直处于低落状态。长此以往，孩子会变得不自信，甚至会出现自暴自弃的现象。

这些都是很多父母常犯的错误，因为他们不能客观看待孩子的缺点，让孩子背负着沉重的心理负担。面对有缺点的孩子，父母不仅要安慰孩子、鼓励孩子，帮助孩子树立信心，更要注意发现和培养孩子的优点和长处，帮助孩子扬起生活的风帆，创造人生的辉煌。

《圣经》上有一句话："年轻人犯错误，连上帝都会原谅他！"如果父母能够多宽容孩子一些，宽容他们的错误、宽容他们的失败，也宽容他们的暂时的幼稚和不成熟，父母就不会老是为了孩子着急，才能用平和的心态去启发和指导孩子，父母对孩子的评价才可能更加客观，才能让孩子有机会真正地去体会父母心底里对他们那些浓浓的深深的爱。

父母这样做

第一，要了解的一点是，孩子是生来就不同。孩子的某些缺点可能就是他的个性所致，这不完全是他自己能够控制的。所以，父母不能以"孩子不应该这样"的想法来教育孩子，而是要同情孩子的缺点，这不是他的错，虽然需要改正，但要知道，如果你的孩子改正了，他比没有缺点的孩子付出了更多的努力，他事实上更优秀。父母之所以不接受这样的观点，主要是习惯于以常规的标准来判断问题，这对孩子是不公平的。也许你会说，父母本来就生活在一个成者为王的社会。不错，社会是不讲那么多公平的，但你对自己的孩子不能不讲。如果你不诚实，你的孩子就会向你学习，他也会对你不诚实，你再想让他接受其他的观点，就很难。父母只有接受孩子的缺点，同情孩子的缺点，才能心平气和地帮助孩子纠正ী缺点。所以，在教育孩子上，心态同样决定一切。所谓同情孩子的缺点，就是把孩子当成一个感冒的病人。你会责怪一个生病的人吗？其实，人的缺点不就是意识上的感冒吗？该打针吃药就打针吃药，哪有什么应不应该感冒的说法呢？

第二，要了解的是人都喜欢听赞扬的话，对自己的缺点不是不清楚，而是不愿意别人说得太清楚。所以，父母不要直接攻击孩子的缺点，那只会引起孩子的反感。这是一种本能的自我保护，谁都一样，换作自己又有什么不同呢？父母在指出孩子缺点的时候，最好先给孩子上点麻药，也就是先赞扬他的优点，即使这优点是你都不相信的，反正他相信就行。父母可以先夸孩子做事很果断，就是细心差了一点。孩子语文不好，数学不错，父母当然是先夸他数学厉害，语文再加把劲那就更厉害了。

第三，避免错误的家教观念。让孩子出类拔萃、出人头地是很多父母的最大心愿。然而，父母教育孩子的错误观念以及由此导致的有害的家教方法，不仅不能纠正孩子的缺点，反而导致孩子的不健康成长。而抱着一味批评和指责，认为棍棒出才子，企图用这种压力迫使孩子改正缺点、错误的想法肯定是错误的。这种做法往往使孩子越来越没有信心，结果只能是越来越差。孩子总会渐渐长大的，特别是进入青春期的孩子，他们的逆反心理会越来越明显，故意不听话，甚至与父母对着干的情况时有发生。这种情况如果单纯归为孩子的缺点，显然不太科学。对此，父母究竟应该怎么办？不少父母采取强制孩子听话的办法，坚决不允许孩子的不顺从行为，这是很不恰当的。强制服从，即使孩子表面上屈服了，但他们的心里是不服的。心理压抑久了，总有一天要爆发。到那时，酿成大问题，后悔可就晚了。错误的方法只能得到错误的结果，因此，父母在抱着教育孩子改正缺点、发扬和光大优点的美好愿望的同时，千万不要一厢情愿，不讲科学，采取这些错误的方法来教育孩子。

09 幽默的语气

情景案例

有位妈妈常常给儿子讲一些有趣的故事。一天,丈夫因单位加班,夜里很晚才回来。丈夫问她儿子几点睡的,她说:"晚上9点就睡了。睡前我给他讲了一个笑话:馒头和面条打仗,馒头被面条狠狠地打了一顿,打得遍体鳞伤。馒头心想,有朝一日,我一定要报仇。一天,馒头看见方便面了,不分青红皂白地把方便面一顿痛打。方便面带着哭腔说:'我俩无冤无仇,你干吗要打我呀?'馒头气呼呼地说: '你以为你烫了发,我就不认识你了?'"

丈夫听到这儿,哈哈大笑,把儿子笑醒了,只见他穿着小内裤从他的房间跑来。爸爸说:"臭小子,你以为你不穿外衣我就不认识你了?"儿子睁着蒙眬的眼睛,看着刚涂上生眉液的爸爸说:"您以为您涂了生眉液我就不认识您了?"

心理分析

家庭教育的方式多种多样,但总的说来,不外乎疾言厉色、心平气和、风趣幽默三种。家庭教育的本质在"教育"二字,无论哪一种教育方式,都离不开生活理念的灌输。但是,不同的灌输形式所产生的效果大不相同。疾言厉色的教育可以威慑孩子,但它容易让孩子产生对抗心理,是一种不得要领的教育方式;心平气和式的教育能使孩子体会到自己与父母在人格上的平等,但由于语言平淡,不疼不痒,无法产生持久的效果;风趣幽默的教

父母的语言

育触动的是孩子活泼的天性，因而更能在孩子的心灵中留下不灭的印迹，使他们时刻以此警示自己。

幽默是父母与孩子沟通的有效方式。在与孩子沟通时，父母如果经常能"寓教于乐"，那么就既能保护孩子的自尊心，又能达到教育效果。此外，采用幽默教育，还有利于训练孩子的口语能力，开拓孩子的思维，对于发挥孩子的想象力，开发孩子的智慧也大有益处。

在实施素质教育的今天，父母要善于发现和培养孩子的幽默感。这是因为，幽默是人与人之间的润滑剂，幽默可以舒缓紧张情绪，更能营造出快乐的气氛。给孩子足够的空间，让他们寻找自己的生活乐趣，相信你也能培养出一个幽默、健康的孩子。

幽默感能让孩子自如地应对生活中遭遇的烦恼，可以使他们在尴尬的处境中不失面子，可以使他们对付愤怒情绪、委婉地表达难以出口的意思。具有幽默感的孩子通常很乐观，在生活中不断地制造欢笑，让周围的人感到轻松愉快，自己也会富有成就感和自信。事实证明，这样的孩子也容易获得友谊。

列宁说："幽默，是人的一种优美的品质。"孩子是最富有幽默天赋的，他们的幽默是最自然、最纯真、最坦率、最美好的人类语言。只是这种天赋需要细心的父母用心去发现、体会，并激发孩子幽默的潜质。因此，父母要在点滴的生活中给予孩子幽默的熏陶，注重培养孩子的幽默感。教会孩子幽默，也就教会了孩子快乐的本领和与人相处的能力。

父母这样做

第一，用幽默为孩子减压。父母可以把日常生活中许多有趣的事情和报刊上那些耐人寻味的幽默作品记录下来，经过适当的加工再讲给孩子听。孩子在考试前会有一点心理压力，不妨有意识地选择一些相关的幽默故事说给他听，或是谈一些轻松幽默的话题。这样一来，就可以有效地给孩子减压，轻松应考，还能培养孩子的幽默气质。

  第二，在生活中培养孩子的幽默感。孩子对发生在自己身边的趣事总是有表达的欲望，很多时候，父母都忽视了孩子的这种表达的欲望。其实，这会阻碍孩子幽默感的发展。当孩子表达自己对生活新奇的发现时，父母要做的就是认真倾听，并发出会心的欢笑。这时，如果孩子有足够的幽默感，父母还可以引导孩子编幽默故事，给课本、电影或是电视剧改编一个令人捧腹的结局。

  第三，多给孩子讲一些幽默故事。在家庭生活中，父母可以经常给孩子讲一些幽默故事，让孩子在不断的熏陶中逐渐培养起幽默感。孩子听多了幽默故事，自然能够模仿、吸收幽默故事中的幽默因子，也会逐渐变得幽默起来。

Part4

言传：非暴力的语言沟通

父母的语言

01 耐心地听孩子说话

情景案例

一位妈妈为了培养孩子的独立性,把小学一年级的儿子送进了寄宿学校,每周只接一次。孩子从学校回来,总是对妈妈说:"妈妈,咱们谈谈话。"

有一次,孩子竟然哭着向妈妈请求:"妈妈,我知道你很忙,没时间陪我在家。可你能不能把我转到每天都能回家的学校?"妈妈拒绝了他的请求。

每个周末回家,孩子总是饶有兴致地给妈妈讲学校里发生的事。可遗憾的是,每次孩子和妈妈讲话时,妈妈总是一副很忙碌的样子,眼睛左顾右盼,手里还不停地翻动着书报,心不在焉,完全不像一个倾听者的样子。没想到,妈妈的"忙碌"给孩子的语言表达带来了障碍。由于他是个思维能力很强的孩子,为了尽量不耽误妈妈的工作,在有限的时间里把话说完,他就讲得很快,慢慢地变得讲起话来结结巴巴了。

心理分析

父母懂得倾听,比一味指责、夸夸其谈地教育孩子,更有效果,更能让父母真正走进孩子的内心。

而在现在的家庭教育中,父母习惯于"一言堂",不给孩子说话的机会;或者,孩子说话时,父母根本不用心听。这些现象十分普遍,因为在很多父母眼中,孩子那些事都不值一提,只是"小孩儿家的玩意儿"。这样一来,父母根本无法理解孩子,不知

Part4　言传：非暴力的语言沟通

道孩子为什么如此介意那些"小玩意儿"。当亲子进行沟通时，父母说的话题就不可能是孩子感兴趣的话题。在这种情况下，沟通就陷入困境。

在父母通常的观念里，认为沟通的元素主要是"说"，父母所呈现的态度是"我说，你听"。其实，"说"只是沟通中的一环，真正重要的沟通元素是"听"。

倾听是沟通的前提。父母只有倾听孩子的倾诉，知道孩子在想什么，才能有针对性地给予关心和帮助，也会使以后的亲子沟通变得更容易。孩子诉说高兴的事，父母应表示共鸣；孩子诉说难过的事，父母应让他尽情地宣泄，并表示同情；当孩子诉说父母不感兴趣的话题时，父母应表现足够的耐心，并使用"嗯""噢""是吗"等词语，表示在认真地倾听，鼓励孩子继续说下去。这样做，不仅使孩子更乐意倾诉，还可以提高孩子的语言表达能力。像案例中的孩子在诉说时，没有感受到妈妈对自己的关注和鼓励，感受到的只是冷漠和压力，从而使孩子的情感和语言表达受阻。

倾听可以充分起到心理暗示的作用。父母认真倾听孩子说话，是在表示对孩子的尊重、关心。如果孩子感到自己能够自由地对任何事物提出自己的意见，而他的认识又没有受到轻视，尽管有可能是错误的，这将有助于培养孩子自尊自信，勇往直前的品格，促使孩子以后在工作上、社会中能够勇敢地正视和处理各种事情。

孩子都渴望得到他人，特别是生活中重要人物，如父母、老师等的爱护与肯定。孩子有强烈的向成人表达内心情感的渴求。此时，孩子需要的是有人倾听他们的诉说，理解他们内心的感受，而父母采取的最好方式就是倾听，而且是反应式的倾听，即给予及时的安抚和理解。因此，父母要了解孩子的内心需要，就要倾听孩子说话，加强孩子对父母的信赖和安全感。如果父母只顾自己的感情需要，而不顾及孩子的心理需要，孩子就会感到很

父母的语言

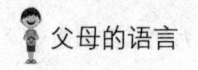

孤独。

其实，很多家庭问题都是沟通的问题，而沟通的焦点又是倾听的问题。所以，抓住了倾听，就抓住了家庭教育的关键。做好这点，孩子一定会急切地渴望与父母沟通，渴望让父母分享他们内心的喜怒哀乐，并乐于接受父母的引导。

父母在倾听孩子说话的时候，一定要肯花时间、有耐性，做个有修养的听众，用心去听孩子的心声，用心走进孩子的世界。倾听是爱的细雨，滋润孩子的心田；倾听是呵护的沃土，孕育孩子健康光明的人格；倾听是无声的音乐，帮助孩子在人生舞台上跳起华彩的舞步。

父母这样做

第一，为孩子提供表达自我感受的机会。沟通以倾听开始，倾听以尊重孩子为前提。倾听时，父母应停下手中的工作，为孩子提供表达感受的时间和空间，做一个全神贯注的倾听者。如果父母平时工作较忙，则应与孩子约定一个特定的时间，如某个晚上或周末。在这个时间段，父母所做的唯一事情就是倾听孩子的话语，与孩子做诚挚的交流，让孩子感受到父母的尊重，这样才能达到最好的效果。

第二，运用眼神、表情进行回应。在倾听的过程中，父母可以用眼神、表情来表示自己在认真倾听。眼神与表情，这些肢体语言虽然不发声，有时候却比发出声的话语更有意义。孩子说到某个观点，父母认为值得赞许的时候，可以点头、微笑；而孩子说某个观点，有点偏激或者错误时，父母可以皱皱眉头、摇摇头或者不给回应；当孩子运用幽默、风趣的语言时，父母也可以微笑以示回应，等等。

第三，适当重复一些孩子说过的话。适时重复一些孩子说过的话，可以让孩子觉得父母在认真倾听，而且也有利于父母记住孩子的生活状况，更加了解孩子。在倾听孩子的过程中，父母应该有意识地记住孩子的倾诉内容,这样才能在最后重复孩子说过的一些话,以表示自己在认真倾听。同时,父母在重复孩子的话语时,不应该改变孩子说这句话的初衷,避免引起孩子的反感。

第四,倾听时尽量看着孩子的眼睛。眼睛是心灵的窗户。通过观察眼神,父母可以知道孩子的倾诉是否真诚,而孩子也可以知道父母的倾听是否专注。因此,在倾听孩子的过程中,父母应该尽量看着孩子的眼睛,并根据孩子的眼神,来更全面准确地理解孩子话语的含义,同时也向孩子展示自己真诚的倾听态度。

第五,不要挑孩子倾诉中的毛病。父母在倾听时,不要挑孩子话语的毛病,更不要打断孩子的倾诉,当即提出自己的批判性意见,更不要与孩子进行争论。要尽量避免使用否定孩子的语言或评论式的语言,如"不可能""我不同意""我可不这样想"等。

父母的语言

02 为孩子的每一个小进步喝彩

情景案例

期末考试的成绩下来了,军军只考了第二十名,而他的同桌考了第一名。

回到家,他问妈妈:"我是不是比别人笨?我觉得我和同桌一样听老师的话,一样认真地做作业。可是,为什么我考第二十名,而他考第一名?"

妈妈抚摸着军军的头,温柔地说:"你已经比以前进步了,以后会越来越好的。"

第二学期的期末开始,军军考了第十五名,而他的同桌还是第一名。军军还是想不通,又向妈妈问了同样的问题:"我是不是比别人笨?我觉得我和同桌一样听老师的话,一样认真地做作业。可是,为什么我考第十五名,而他考第一名?"妈妈还是说:"你比上学期又进步了,以后会越来越好的!"

军军小学毕业了,虽然他还是没有赶上他的同桌,但他的成绩一直在提高,已经进入前十名了。

在接下来的日子里,军军仍然努力学习,进步虽然很慢,但一直在进步。他的妈妈也一直鼓励他:"你比上学期又进步了,以后会越来越好的!"

初中的时候,军军的成绩已经名列前茅了。到了高中,他成了全校著名的尖子生,最后以全校第一名的成绩考入北京大学。

心理分析

孩子有了进步,或者做了一件很小的好事,或者坏习惯有了改善等，此时孩子都会希望父母给予关注，需要父母为自己喝彩。父母及时恰当的喝彩，可以让孩子幼小的心灵体会到进步的喜悦，会增加孩子的动力，提高孩子的积极性。

有些父母总是无视孩子的点滴进步，因为孩子进步太小没有达到自己心中的标准，就把孩子的努力全盘否定掉，认为孩子是无能的。这对孩子来说，无疑是一种伤害。虽然这些父母有时也是无意的，但在无意中，他们就会亲手毁掉优秀的孩子。

所以，父母要用发展的眼光看待孩子，肯定孩子的点滴进步，以此来改变孩子的一些不良个性习惯，而不是当孩子兴冲冲地说"老师说我进步了"，而父母却说"你得意什么，离好孩子的标准差远了"；或当孩子兴冲冲地说"我考了95分"，而父母说"某某考了几个95分"等。这样的回答只会伤害孩子的自尊心，让孩子对做好孩子和考95分没了兴趣，缺乏信心。父母多说一句"你进步了""希望下次多考几个95分"，将会对孩子的教育产生很好的效果。

孩子的成长是一个漫长的过程，要一步一步地不断实现，而不是一蹴而就。因此，对于孩子的每一点进步，做父母的都应格外敏感并及时地给予鼓励。

父母这样做

第一，孩子改正缺点时，父母要及时表扬。有些父母发现了孩子的不良行为，会不由分说地把孩子责骂一通。而这样做的结果并不能杜绝孩子的坏行为，反而会使这种行为加重。父母要善于通过对孩子现在的行为和以前的比较，发现孩子的进步，并对孩子进行及时的奖励。只有这样，才能强化孩子正面的行为倾向，达到逐渐杜绝孩子不良行为的目的。

第二，父母要细心观察，为孩子身上的闪光点喝彩。父母要做到细心观察孩子的行为，并要从孩子的行为中发现闪光的东西，挖掘出孩子本身具有的优点、长处，为孩子高声喝彩。在孩子失意时，父母更要如此。有了这种意外的收获，孩子不但会唤醒满腔的热情，还会提高对自己优势的认识和发挥。

第三，父母应为孩子的每个微小进步及时喝彩。孩子的行为有了好的转变，父母一定不能对此表示漠然，或者装作没有看见，这样会降低孩子继续做下去的动力，打消孩子正确做事的积极性。而积极赞赏的态度会令孩子在兴奋的同时，决心把好的行为坚持下去。

第四，父母为孩子喝彩要有针对性，不能成为口头禅。为孩子喝彩，一定要有的放矢，如在孩子最初进步之时、在孩子坏习惯改善之际等。父母不能天天像口头禅似的没有针对性地对孩子夸赞，这样不仅达不到好的效果，还会使孩子产生厌烦。

Part4 言传：非暴力的语言沟通

03 学会向孩子承认自己的错误

情景案例

磊磊8岁了，以前与妈妈的关系很好。最近几个月，他却与妈妈一直不说话。原来，在几月前的一天，磊磊曾经向妈妈要钱说想买一套运动服。妈妈告诉他以后再买，磊磊同意了。不料第二天，妈妈发现自己的钱少了一百，就去责问磊磊是不是因为没有同意马上给他买运动服，就偷着拿钱自己去买。磊磊说自己没有拿，妈妈就是不相信，还说磊磊撒谎。这让磊磊不但感觉到委屈，还感觉自尊受到了严重伤害。

后来，磊磊的爸爸回到家后才真相大白，那一百元钱是因为他急用拿的，当时磊磊的妈妈不在，没来得及告诉她。磊磊的妈妈知道事情的经过后，虽知错怪了儿子，但由于顾及面子，一直没有向孩子认错。虽然她多次想与儿子亲近，试图向儿子解释自己的错误，但始终没有说出口。而磊磊面对妈妈知道错误后还不向自己道歉，至今耿耿于怀，不愿与妈妈说话。

心理分析

父母既不能学案例中磊磊的妈妈，明知道错了却不向孩子道歉，也不能像某些父母那样，为了取悦孩子，就不分是否应该就随意给孩子道歉。这两种极端行为都会影响父母在孩子心中的形象，前者会失信于孩子，后者将失敬于孩子，对孩子的健康成长都不利。

每个人都可能犯错误，父母也不例外。当父母一再要求孩子

父母的语言

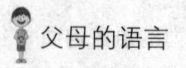

知错要改的时候，就应该自觉为孩子树立一个良好的榜样，即当自己做错事情时，也应该真诚地向他人道歉。如果对方就是自己的孩子，则更应如此。

有些父母觉得，向孩子道歉，会失掉作为父母的权威与尊严。但是，正如哲学家爱默生所说的，"人类唯一的责任就是对自己真实"，每个人都不是完人。因此，父母也没必要在孩子面前扮演"完人"形象。当这个假面具被拆穿的时候，父母才会真的失去该有的权威与尊严。

另外，当父母犯了错误却不承认的时候，孩子便会开始质疑父母的教育：爸爸妈妈不是整天教育我知错要改吗？为什么到了他们自己身上，却可以忽略不计呢？此时，在孩子的心目中，父母的形象将一落千丈。当父母以后再教育孩子时，他们的言行就不再具有权威与榜样的作用了。父母只有正视自己的错误行为，勇敢地道歉，真诚地请求孩子原谅，才能让孩子看到真实、积极的父母形象，并以他们为榜样，努力提高自己。

随着现代教育理念的更新，中国传统意义上的亲子关系与师生关系已经发生了巨大的变化。孩子已经不再是那些跟着老师或父母摇头晃脑，不敢向师长叫板的书呆子了。父母或教师的一些不恰当的言行，必然会引起孩子强烈的反感与抗议。父母无视这些，拒不承认自己的错误，只会让孩子疏远父母，抗拒父母的教育。

雨果在《悲惨世界》里说："尽可能少犯错误，这是人的准则；不犯错误，那是天使的梦想。尘世上的一切都是免不了错误的。错误犹如一种地心吸力。"虽然成为天使是一个颇具吸引力的梦想，但在现实的生活中，更要勇于面对错误。因此，父母在教育孩子时，应该向孩子展示真实的自己，给孩子树立一个虽不完美但知错能改的好形象。

总而言之，"向孩子道歉"是很重要的一种教育方式，父母一定要注意。只有父母向孩子道歉，孩子才能学会向父母道歉，孩子才能学会承担责任，这样才能培养出真诚的好孩子。

父母这样做

第一，让孩子定期评价父母。人性的弱点，通常决定着人总是倾向于认为自己是正确的，而错的是他人。在亲子这种并不完全对等的关系中，父母这种自以为是的态度表现得更为明显。因此，如何让父母意识到自己的错误，有一个很好的方法——定期让孩子评价父母。父母可以定期给孩子一些评价自己的机会，如每天抽出半小时，或者每个周末抽出一两个小时等，让孩子对父母的言行提出批评意见。孩子的这些意见无论是否有道理，父母都应该平心静气地对待，作出理性的回应。

第二，多听听孩子的意见。"偏听则暗，兼听则明。"如果父母在处理与孩子有关的事情时，不听孩子的意见，一意孤行，难免会犯错误。例如，是否让孩子去参加兴趣班等，应该首先听听孩子的意见，征求他们的看法，而不应该一意孤行，想当然地为孩子做决定。多听听孩子的意见，然后再作处理，就可以很好地避免父母产生一些可以不犯的错误。

第三，道歉的理由要明确，道歉的态度要诚恳。应告诉孩子，父母哪些地方做错了。父母既不要夸大自己的错以取宠孩子，也不要缩小自己的错以原谅自己。父母道歉的目的就在于取得孩子的原谅。如果你漫不经心地说一句"对不起"，孩子是有抵触情绪的，说不定还会加深孩子对你的不满。

第四，孩子年龄不同，父母道歉的方法也有所不同。对于年龄小一点的孩子来说，父母其实不用讲太多的道理，只要用一些行动，如手势、表情、做法等，很自然就可以让孩子知道在这件事上，父母做错了，而且父母向孩子道歉，并不需要说太多的话。如果孩子知道这种做法是错误的，一般不会再犯这样的错误。但是，对于年龄大一点的孩子来说，父母向他道歉，就必须讲明这件事错误的原因，这也是一种间接教育的方法。

父母的语言

04 拒绝孩子时要讲明理由

情景案例

刚吃完晚饭,诚诚正在看电视。

突然,电视里播出了他最喜欢的牛奶广告。他就对正在看书的爸爸说:"爸爸,我要喝牛奶,你快给我去买!"爸爸说:"刚吃完晚饭,不要再喝牛奶了。""不行,我就是要喝!"诚诚坚决地说。"你这个孩子怎么不听话呢?现在喝牛奶对身体不好!""我就是要喝牛奶,你快给我去买!"诚诚开始哭闹起来。

妈妈无奈地看看孩子,对孩子的爸爸说:"要不,你下去给他买一罐?""不行,现在不是喝牛奶的时间!"爸爸严厉地说道,"你让他哭。"诚诚又趴到沙发上哭,他期盼地从手指缝里观察父母的反应。但是,爸爸还是在看他的书,妈妈则收拾厨房去了。

过了好长时间,诚诚的哭声越来越弱。后来,他自言自语地说:"也没人理我,我还是不哭了吧!"说着,他就进了自己的房间。

心理分析

当孩子有什么不合理的要求,或者做错了什么事时,如果父母只是简单地告诉孩子"不行",而不告诉孩子拒绝他的理由,那么孩子的自尊心就会受到伤害。孩子会认为,父母只是专横的父母,而不是理解自己的知心朋友,孩子错误的意识观念也得不到纠正,极易产生叛逆的心理,孩子就不容易接受父母的教育。

所以,当孩子提出一些不合理的要求或者出现一些不良行为时，父母在拒绝孩子，对孩子说"不行"的同时，一定要耐心地向孩子解释拒绝他的理由，让孩子明白"不行"的道理。这样一来，孩子就能感受到父母对他的尊重。孩子不仅会心服口服地接受父母的教育，而且也会在以后的生活中逐渐形成良好的行为规范意识，这样做才是比较好的教育方法。

现在，有的孩子似乎永远也不知足，要求层出不穷，不胜枚举，真令父母难以招架。比如，孩子有了一个书包，见到另一个新书包，又一定要买；孩子在商店看到玩具，立即要买，妈妈说回家拿钱，他也会哭闹不止。父母有时也会感叹：自己小时候什么也没有，觉得也很幸福，现在的孩子什么都有，为什么还总是不满足呢？

如果仔细分析一下，就会发现，孩子有这么多不合理的要求，从表面上看，原因好像是在孩子，但根源还在于父母，是父母有求必应的行为惯坏了孩子。所以，不能怪孩子。很多父母对孩子的要求不问原因都给予满足，使孩子不合理的欲望越来越多。当欲望无法满足时，孩子就会以消极的行为来抵抗。

父母必须认识到，不能把家庭经济条件宽裕作为给孩子大买特买的理由。孩子的要求总是得到满足的话，他得到一切太容易，自然不懂得节俭、珍惜，而且会随着年龄的增长而变得越来越任性跋扈，越来越贪心。

孩子的要求有合理的，也有不合理的。这就要求父母学会对孩子的要求进行具体分析，一定要判断孩子的要求是否合乎理智，是否合乎实际。对孩子的合理要求，在家庭经济条件允许的情况下，可以尽量给予满足；对孩子不合理的要求，父母要坚决拒绝。

现在都提倡新型的亲子教育理念，即要求父母在教育孩子的时候，一定要充分地尊重孩子。所以，父母在对孩子说"不"的时候，一定要把理由告诉孩子。事实证明，这种委婉的教育方式更能体现人性化教育的优越性。

父母的语言

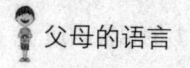

父母这样做

第一，先告诉孩子理由，再对孩子说"不"。有些孩子个性比较强，父母拒绝了自己的不合理要求后，就会发脾气，而不会听父母讲理由。所以，对于这样的孩子，父母也要讲究策略：先告诉孩子理由，再拒绝孩子，对孩子说"不"。此外，父母在平时要注重对孩子的言谈举止进行规范教育，让孩子知道必须遵守一些规则。这样一来，当父母拒绝孩子的不合理要求时，孩子在主观上就很容易接受。

第二，父母说"不"时，也要与行动结合起来。如果父母经常告诉孩子"不"，父母会发现，长时间之后，孩子对父母的"不"就不会有原来那样积极的反应。这是因为，父母的"不能""不行"等在孩子那里已经转变成父母唠叨式的教育，孩子已经产生了疲倦反应。所以，当父母想对孩子的某些要求、某些行为说"不"的时候，在告诉孩子理由的同时，不妨直接帮助孩子纠正自己的行为习惯。这也是一个培养孩子良好品质的教育机会。

Part4 言传：非暴力的语言沟通

05 不要逃避孩子提出的性问题

情景案例

李岩刚上初一。有一次，他发现自己的"小鸡鸡"有点不正常。他十分担心，以为自己得了什么怪病。经过再三的思想斗争，他硬着头皮对妈妈说："妈妈，我想和你说一件事情，你不要笑我。前几天，我睡觉的时候下面流水了，这到底是怎么回事？是不是得了什么病了？"

起初，妈妈并没有完全听懂儿子的意思，见李岩扭捏地指着自己的下半身，才明白儿子说这些话的真实意图。妈妈脸色微红，有些不好意思地说："没事，这不是什么病，估计是你最近胡思乱想的原因，要不然就是你看了什么不该看的东西。"妈妈试图用几句简单的话糊弄孩子，这让李岩更加好奇了。当他再次开口问妈妈这些事情时，妈妈却说："小孩子不懂就不要问了，等你长大了自然就知道了。"

对于妈妈的避而不谈，李岩总觉得其中必有蹊跷。于是，李岩悄悄地问了班上的好哥们，那位同学嘿嘿地笑了两声，带着他来到一家网吧，随即打开了一个黄色网站。展示在屏幕上的是赤裸裸的人体，李岩一下子看呆了。有了第一次，李岩去网吧的次数越来越频繁，每次一回到家里，就把自己关在屋里。

长期以来，妈妈一直以为李岩正在用功学习。偶然的一次，妈妈没敲门进了李岩的屋子里，却发现儿子正沉浸在黄色网站中。

父母的语言

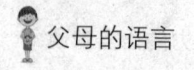

妈妈不明白，一向听话的孩子为什么在短短的时间里变成了"坏孩子"？

心理分析

在中国，性教育一直是一个讳莫如深的话题。但是，父母羞于对孩子进行性教育，却不能阻止孩子从其他的途径来获取一些不完全正确的性知识，导致孩子在异性交往过程中，错误地做出一些不恰当的行为，不仅阻碍孩子人生的健康发展，更增加了社会的不稳定因素。

所谓性教育，简而言之，是指关于人类的生殖及性行为的教育。有些父母简单地认为，性教育与孩子的生活无关，过早或者过多地对他们进行性知识的传授，容易教坏孩子。事实上，这种认识是错误的。性教育不仅是成年人的课程，孩子性意识的萌芽、发展也是绝不可忽视的。

因此，对孩子进行性教育，就像进行其他方面的教育一样，是一个循序渐进的过程。如果父母在某一阶段有所忽略，孩子就不能形成正确的性观念与性心理，甚至会出现易装癖、易性癖等性变态的行为。

孩子的性教育主要包括两方面的内容：生理上的性教育和心理上的性教育。前者侧重于生理健康方面的知识，如异性之间器官的名称、差异等，各种生理现象，如少女初潮、少男遗精等；后者侧重于男女社会身份的相关知识。

处于青春期的孩子，对"性"有着强烈的好奇心，他们想了解的问题有许多，如为什么女生有隆起的胸部而男生没有，为什么自己会产生性冲动等。如果父母对孩子采取隐瞒或回避的态度，就会给孩子留下这样的感觉——"性是不可以知道的"。有的父母在回答孩子提出的问题时，表现出来的态度十分暧昧，这会让孩子产生更大的好奇心，从而对"性"越发感兴趣。在好奇心的驱动下，有的孩子因为得不到满意回答而通过一些不正当的

Part4　言传：非暴力的语言沟通

方式去找答案，如登录黄色网站、从黄色小说中了解等。当然，在现实生活中，也有一些父母认为孩子还小，没有必要给孩子讲解清楚。实际上，这是一种错误的想法。因为这样做，只会增加孩子的好奇心。因此，父母面对孩子提出的性问题，应该给予合理的解释，蒙混过关并不明智。

父母这样做

第一，父母首先要摆正态度，认识到性教育不是可耻的，而是必要的。由于思想观念的变革，当今时代，性已经随着文明的发展，揭开了她神秘、羞涩的面纱，被正正当当地用语言和文字来叙述、谈论。向孩子传授关于性的科学知识，为人父母者责无旁贷。

第二，孩子年龄较小时，父母看到自己的孩子和异性孩子做一些比较亲密的动作，如亲吻、拥抱等行为，千万不要大惊小怪。要知道，这只是孩子表达亲密关系的一种方式而已，性对孩子并没有产生太大的作用。与之相反，如果父母一味制止孩子的这种行为，把错误的价值判断强加给孩子，反而不利于孩子的身心健康。

第三，对于年龄比较大的孩子，对一些事情的认知能力较强。这时，父母可以根据实际情况，适量地传授一些性知识。在日常生活中，父母可以抓住彼此沟通的机会，加以引导。父母可运用多种方式，如比喻手法、讲故事等方式，说明男女方面的事情。如果孩子养成了不良习惯而又难以改正过来，对正常学习与生活产生不利影响，这时，父母应与医生取得联系，共同努力，最终达到消除隐患的目的。

第四，一些父母对孩子过分溺爱，过于频繁地亲吻或拥抱孩子。这种做法会刺激孩子的性意识，特别对于一些处于青春期的孩子来说更是如此。同时，父母也不应该过早地让孩子接触超越其年龄界限的、关于性的相关图书，更不能让孩子去看有关以性为主题的电影或电视剧。在日常生活中，如果条件允许的话，最好让孩子自己睡。

父母的语言

06 批评孩子要讲技巧

情景案例

11岁的蔡小佳已经读五年级了,她的数学成绩一直不好,很让妈妈着急。看过蔡小佳的几次数学试卷后,妈妈发现蔡小佳每次都会犯同一个错误——粗心。于是妈妈曾这样斥责蔡小佳:"长眼睛是干什么用的?你看看你这么不小心,怎么就不细心点呢?"面对妈妈的斥责,蔡小佳很委屈,只是低着头沉默。

后来,有一次蔡小佳又拿着数学成绩单回家。当妈妈看成绩单的时候,蔡小佳又小心翼翼地说:"妈妈,我们让交50元钱的班费。星期天老师带我们去美术馆参观。"妈妈看到蔡小佳又犯了粗心大意的毛病,很生气。凑巧的是,妈妈想起刚买完菜,手里就剩下几元零钱了,于是就对蔡小佳说:"今天妈妈没钱。"

听到妈妈的回答,蔡小佳认为是自己数学没考好,所以妈妈才不让自己去的。因此,她下午就对老师说美术馆参观的活动不参加了。事实上是由于妈妈忙别的事情,把女儿参观美术馆的事情给忘记了,而蔡小佳还认为是自己数学没考好,妈妈才会惩罚自己的。因此,她就更没有兴趣学数学了。在期中考试中,蔡小佳的数学在班里排名倒数第一。她很害怕,下午放学后也没敢回家,就在教室里待了很长时间,直到妈妈找到学校。

心理分析

当孩子做错了事,或者没有完成老师、父母交代的任务时,父母提出批评是自然的,也是必要的。但是,现在的孩子个性很强，对他们进行批评必须注意策略和方法，讲究批评的艺术。否则，不但达不到批评的效果，反而会造成亲子关系的紧张，不利于以后的教育。

即便是一棵小树，如果不经常打掐，势必会长出歪枝。孩子也就像正在茁壮成长的小树一样，虽然生机盎然，但也免不了时不时长出影响成长的"坏枝"——犯错误，这时，大多父母会采取批评。美国的海姆·金诺特博士总结了一些父母在批评孩子时对孩子的尖刻语言：漫骂：混蛋、瘪三、骗子；侮骂：笨蛋、真是个废物、不中用的东西；指责：又淘气了、真是个坏孩子；压制：给我住嘴、你敢不听大人的话；强迫：不许说不行；威胁：你敢不听我的话，我再也不管你了；挖苦：亏你想得出这种蠢方法，你真聪明……用这些伤害性的语言去批评孩子，有时确实也会立刻见效，孩子会乖乖地服从父母的意志。然而，这种屈服只是暂时的。从长远看，这些语言不仅会伤害孩子的自尊，还会对孩子的性格的形成产生不良影响。因此，就需要身为"园丁"的父母恰如其分地进行"打掐"，也就是温柔地批评，以便孩子尽快改正。

实际上，孩子在成长过程中，不可避免地会出现那样这样的错误。对于孩子无意造成的错误，父母尽量不要过多地批评。但是，在亲子沟通过程中，批评作为一种教育和沟通方式，不可避免地会被使用到。只不过，很多父母会担心因为批评而对孩子的心理造成不利影响。因此，尽管面对孩子的失误也是放之任之。殊不知，这样做反而会对自己的孩子成长不利，也是没有责任心的父母的做法。

其实，只要批评是有建设性的、客观的，孩子是容易接受的。只要不是故意处罚孩子，让孩子体会到父母的诚恳和尊重，孩子在接受父母的批评时就会容易得多。

美国教育家老卡尔·威特认为，对孩子的批评，最重要的是要让孩子心服口服。这听起来似乎很简单，做起来却并不是那么

父母的语言

容易。

老卡尔·威特认为,首先你要用孩子能够理解的道理和事例去教育他们。给孩子讲道理的时候,要给他们说一些容易理解的道理,不能用某种高深难测的东西强行向他们灌输。书本上的道理应该给他们讲,但不能搬弄出那些晦涩的文字。那种学究式的大道理,孩子是很难接受的。

美国教育家塞勒·塞维若认为,无论在什么情况下,父母都应保持冷静的头脑、理智的思维,切忌在情绪异常的状态下轻易批评孩子。他说:"父母批评教育子女,靠强制压服是行不通的。只有给孩子充分的说话机会,他们才能剖析自己的行为,触及灵魂的最深处,才可能使其心服口服。"

父母这样做

第一,批评不等于不尊重。批评管教少不得,而尚且年幼的孩子心灵也该得到保护。怎么拿捏其中的平衡呢?父母保护孩子自尊的意识强了,可有时却把"对孩子的尊重"和"管教孩子"这两件事简单对立起来,好像保护孩子的尊严,就要放弃最基本的管教和批评。其实,如果我们了解孩子在不同的年龄段对批评的接受方式,就完全可以根据孩子的承受能力,进行适当的批评。并且,在孩子做错事时,明确地告诉他"这件事你做得不对"是非常必要的,不能因为担心伤害,就不批评、不管教。

第二,公平教育。如果我们本着尊重孩子的出发点,来选择批评的方式,批评便是公平的。不会以大欺小地指责、谩骂孩子,也不会因为他年龄小,就放松管教,任由孩子一再犯错。最简单的批评,就是让孩子为自己的行为负责。比如,对一个四岁的孩子,应当让他知道,用硬邦邦的玩具打父母的头,父母会很痛,他也不应该用这样的方式去攻击别人。而这样的批评,并不存在不尊重或伤害的问题。

第三,一事归一事。在批评孩子的时候,父母只要明白自己

Part4 言传：非暴力的语言沟通

的批评是为了让他知道，做什么样的事会带来什么样的后果，而不是为了伤害孩子或给孩子打上"坏孩子"的标签，就不会给孩子造成心理阴影。父母的批评一定要针对具体的事情。比如，孩子回家后又忘记洗手，父母就应该告诉孩子，每个人回家后都要洗手，不洗手是不对的，而不要扩大到其他事情上。而当孩子的错误举动涉及人际关系时，最理想的方式是用两个步骤去完成一次批评——先把自己对于孩子某个行为的感受直接告诉他，然后，平静地告诉孩子，你知道他是一个好孩子，只是这次做错了。

父母的语言

07 不要在孩子面前摆架子

情景案例

宁宁家最近准备买一辆新车。爸爸妈妈挑来挑去，觉得有两款比较中意。可是，到底该买哪一款，两人的意见却不一致。一天，夫妻俩正在为新车的事情争执不休，上小学四年级的宁宁忍不住了，大声对他们说："你们要买新车怎么从来都没有征求过我的意见呢？"听到这话，两个人立刻停止了争论，惊讶地看着宁宁，半天没说出话来。

"小孩子懂什么？"妈妈首先从惊异中醒过神来。"你妈妈说得对。买车是大人的事，你这孩子又不明白。"爸爸接着说。"买车是家庭中的大事，我也是家里的一员，怎么不关我的事呢？"宁宁反驳道。

妈妈听后哑口无言，反复思考着宁宁说过的话。过了一会儿，妈妈对宁宁说："好孩子，你说得对。你是我们家庭里重要的一员，我们应该一起讨论。"于是，在大家的讨论下，顺顺利利地买了一辆大家都喜欢的车。

心理分析

其实，好多父母都会有这样的想法，总是认为孩子太小，对任何事情都是做不了主的，一味地替他们张罗。殊不知，孩子是有自己的想法的。尽管可能想法不成熟，甚至是不对，但他们既然有自己的想法，父母就不该忽略掉孩子想法的存在。父母应随时记住，孩子是家庭中的重要成员之一，遇事要主动征求孩子的意见。当孩子表示不满或者反对的时候，应该心平气和地给孩子解释，争取得到孩子的理解，而不能强迫孩子服从，甚至叱责孩子。这样做，不仅有利于孩子建立良好的个人权利意识，而且有利于孩子养成尊重他人的好习惯。

在这个世界上，人与人之间的关系是多种多样的。但自古以来，最亲的莫过于父母与孩子的关系了。可是，随着时代的发展、孩子的日趋早熟，父母与孩子之间的隔阂也越来越明显了。

社会对每一个家庭都是力求公平的，可为什么即便是温柔疼爱你的父母，也不能公正地对待你，最后甚至与子女的关系形同陌路呢？

主要是父母与孩子不能互相理解。孩子看父母是高高在上的"统治者"；父母看孩子，则是什么都不懂的毛孩子。做父母的总是把自己的想法强加给孩子，而不管他是否理解，是否心悦诚服地接受。这样"不平等"的教育方法是不会有什么好的效果的。

孩子虽说年龄不大，但也是有自尊心的。他希望父母做自己的知心朋友，而不只是长辈，更不希望父母摆出长者姿态动辄训人。

在缺乏平等意识的家庭中长大的孩子，容易养成自卑、自私、懦弱、缺少主见等不良性格。而在家庭中得到平等对待的孩子，能够具备独立生存和处理问题的能力，拥有良好的成人感，这对于孩子的进步和成功非常重要。

所以，今天做父母的，要想改变孩子的所谓"不听话""对着干"等逆反心理和现象，就必须先让自己摆脱传统的教子观念，不要用居高临下的姿态对待孩子，应用平等、真诚的态度与孩子沟通。这样的话，孩子才愿意向父母吐露心声，才能从不听话变为听话，从对着干变为愉快合作。

人们常说父母是孩子的第一任老师，父母除了要榜样示范外，还要搭建与孩子间平等交流的桥梁。当孩子与父母彼此都能经常地敞开心扉、心对心、思想对思想、情感对情感地进行交流

父母的语言

时,那父母就是孩子最值得骄傲的第一任教师。

很多父母都把自己的权威看得很重,让自己高高处在孩子之上。一心望子成龙、望女成凤,却不能与孩子很好地沟通,忽略孩子本身的特点,一厢情愿地向孩子提出过高的要求,从而给孩子造成了很大的心理压力。如果父母能放下架子,参与到孩子的活动中,这正是创造与孩子交流机会的最好方式,也是让孩子接受自己教育的最好通道。父母融入孩子的活动之中,孩子就会容易把父母看作自己的朋友,这样孩子与父母就会产生共鸣,父母的教育就会收到较好的效果。

父母这样做

第一,言语要切合实际,合乎情理。父母与孩子交流思想情感要实事求是。无论是批评、表扬和评价,还是谈论家庭和社会问题,都要切合实际,有理有节。不能跟着感觉走,随着性子说。比如,父母要批评孩子一件事情没有做好,千万不应这样说:"笨蛋,我已经说过一千次了,为什么还不改?"这就是夸大其词,于事无补。经常运用切合实际、合情合理的沟通方法,可以培养孩子的理智感、自信心,增强教育效果。父母可亲可敬、可以依靠和求教的形象就会在孩子心目中树立起来。

第二,父母要注意说话的语气。沟通是用语言连接起来的。但是,如果语言没有任何错误,而语气却让孩子产生误解,这样的交流也不会带来什么好结果。谁都希望自己的孩子成为有涵养的人,可有些父母往往会忽略跟孩子说话的语气。其实,父母的语气将对孩子的情商、智商、修养产生深刻的影响。所以,请父母注意,在跟孩子沟通时要注意自己的语气。

第三,成为孩子的知心朋友。父母更应是孩子的朋友。现在的孩子大多是独生子女,在很多方面是孤独的,缺少朋友的关心。这就要求父母不但要做好父母,更要学会担当孩子朋友的角色,分享他们的喜怒哀乐。孩子玩耍的时候,蹲下身子,甚至趴

Part4　言传：非暴力的语言沟通

着和他们一起玩耍；孩子进步的时候，一起分享成功的喜悦；孩子不开心的时候，真心聆听他们的烦恼。当然，父母有的烦恼也可以拿出来与孩子一起商量，让孩子为你排忧解难。

父母要想逾越和孩子之间的鸿沟，就必须放下架子去和孩子交朋友，去了解透视孩子的内心世界，父母不妨用"父母＝朋友＋老师"这样的思维方式来试试。如果孩子能把父母当成知己和一面镜子，亲子关系就会融洽一些。对一个他认为是朋友的人，孩子是不会隐瞒什么的。

父母的语言

08 多在他人面前赞扬自己的孩子

情景案例

一天,小禾和妈妈从街上买东西回来,恰巧碰到了邻居家的母子俩要出门,妈妈对小禾说:"这是李阿姨!"小禾大方地问了一声:"李阿姨好!"这时,邻居家的阿姨对小禾的妈妈说:"你家小禾可真可爱,又漂亮又听话,不像我们家这小子,整天就知道吵吵闹闹,只会淘气,真是被他给烦死了。"

听完妈妈的话,邻居家的小男孩瞪大了眼睛看着妈妈,然后非常生气地说:"妈妈!我怎么不乖了?"妈妈并没有顾及孩子的情绪,而是大声地说:"你就是不乖,还顶嘴,整天就知道淘气,真烦人!"小男孩一扭头,自顾自地跑了。

从此,邻居家的男孩像变了一个人似的,再也不像以前那么天真活泼了。

一次,他看到妈妈下班回来,便躲在椅子后面不搭理妈妈。妈妈说:"乖孩子,过来亲亲妈妈!"小男孩不仅没有过去,反而非常怨恨地对妈妈说:"我不乖,我不想亲!"

心理分析

"多在他人面前赞扬自己的孩子",很多父母一看到这个标题,肯定会表现出怀疑的态度:"不行!这可不是我的作风。我的孩子那么差,我还在别人面前表扬他?再说了,现在的孩子取得一点小小的成绩就心高气傲,再表扬就不知道成什么样子了。要真在别人面前表扬他,他还不飞到天上去。"

Part4　言传：非暴力的语言沟通

我们身边有这样想法的父母并不在少数。他们总是认为，在人前表扬孩子很容易造成孩子爱虚荣、骄傲自满的倾向；一些被当众夸惯了的孩子，有一点好的表现，没被注意到，就会感到委屈，甚至有的孩子为了夸奖而弄虚作假，这样对孩子的健康成长非常不利。所以，他们不喜欢在别人面前表扬孩子，却喜欢在别人面前数落自己孩子的缺点。

殊不知，这样做会伤了孩子的自尊心。但是，有些父母就算已经感觉到孩子受了委屈或伤害了孩子的自尊心，也毫不在意，不以为然。他们认为，孩子是没有什么面子不面子的。有时，有些父母甚至还会因为孩子的抗拒而责骂得更凶，甚至有意给孩子一点小伤害作为惩罚。这种做法非常不明智，不仅不能激励孩子，反而会给孩子造成心灵上不可磨灭的伤害，甚至让孩子怨恨父母，直接影响父母和孩子的感情。

美国的心理学家巴巴拉·伯杰博士曾经说过："要想具有较强的自尊心，孩子必须感到自己既能讨人喜欢，又有足够的能力，他必须深信自己的价值，能够应对自己和周围的问题。"

因此，父母要在他人面前多赞扬孩子。如果孩子在场，听到父母当着别人的面对自己的表扬，自尊心不但得到了满足，而且会增加自信，朝着好的方面更加努力。如果孩子不在场，当着别人的面夸赞孩子好的方面，会使别人对孩子留下好的印象，由此会对孩子投射出赏识的眼光，也间接地鼓励了孩子。父母夸赞孩子还有一定的技巧，如孩子不在场却能听到，这样孩子会更加高兴，知道父母是从内心赏识自己，从而能激励孩子产生无穷的力量，快速地朝着父母希望的目标前进。

父母当着他人面夸奖孩子也应有度。不论什么时候，见了任何人都对孩子进行赞扬，这样做反而对孩子的成长不利，也会引起他人的反感。所以，父母当着别人的面赞扬孩子要适度、恰当，要实事求是，不可夸大其词。

父母在他人面前赞扬自己的孩子，能满足孩子的自尊心，增

父母的语言

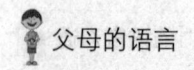

加孩子的自信心，激励孩子自身巨大的潜力。掌握得当，它就是帮助孩子走向成功的有力法宝。

父母这样做

第一，在他人面前表扬孩子要实事求是。孩子各方面的情况，父母最清楚。对于孩子突出的表现，父母应该在他人面前夸赞。但在夸赞的时候，千万不能言过其实。这样一来，孩子在增加自信的同时，才不会滋生出故步自封的骄傲心理。

第二，在他人面前夸奖孩子要把握住度。孩子取得了优异的成绩，或者有什么特殊的能力，父母可以在别人面前夸奖自己的孩子，以此增加孩子的动力，提高孩子的公众形象。但是，夸奖孩子应该有个度，不是夸的次数越多越好，否则会让听者与孩子都感觉到厌恶。

第三，在他人面前赞扬孩子最好让孩子听到。父母在别人面前赞扬孩子的时候，尽量让孩子听到，而孩子却以为父母不知道，这样的效果会比当着孩子的面夸奖更好。这是因为，通过这种方式，孩子感觉到父母对自己的赞扬是发自内心，是真正赏识自己。所以，为了回报父母，孩子会加倍努力。

第四，表扬别人孩子时不要忽略自己的孩子。父母看到别的孩子表现突出时，都会情不自禁地进行称赞，但不能因此忽略了自己的孩子。应该在表扬别人孩子的时候，善于看到自己孩子的长处进行夸奖，使孩子不因此泄气，而是继续努力，不断争取新的进步。

Part4 言传：非暴力的语言沟通

09 不要在孩子面前争吵

情景案例

苏洁吃完饭，便回到自己的房间里做作业。作业还没写到一半，客厅里又传来爸爸妈妈的争吵声。在家里，爸爸妈妈总喜欢为一些鸡毛蒜皮的事吵来吵去。为此，苏洁很烦恼。现在，苏洁只想专心写作业，不想理会父母之间的"战争"。

起初，爸爸妈妈争吵声音并不大。没过多久，两口子的吵架声音一浪高过一浪。苏洁实在忍无可忍了，用力推开房门，大声对客厅里喊："你们能不能不要吵了？烦不烦呀，我还要学习呢！"

妈妈听到女儿提出抗议，以为女儿是在支持自己，更来劲了，便对爸爸说："你看看，孩子都嫌你烦了。不让你在外面吃饭，你偏不听，现在可好了，回来的路上遇上小偷，把钱也弄丢了。你看看，连女儿都站在我这边了。我可得和你说清楚了，如果影响了孩子的学习成绩，这事我跟你没完！"爸爸也毫不示弱，大声地反驳道："就知道说我，一个妇道人家懂什么，不就是出去聚一聚吗？有什么大不了的。不就是几个钱吗，丢了再挣！你天天这么唠叨，女儿也懒得搭理你！"妈妈更加生气了，光嘴上说有点不过瘾，一把扯过爸爸的袖子："你说这话一点也不害臊，就你那点工资，连人家一条裙子也买不起！再说了，出去喝酒已经不是一次、两次的事了，我看你心里压根就没有这个家，没有我，没有女儿，只懂得自己享受。还嫌我唠叨，我要是不说，以

父母的语言

后你更加猖狂！别说我不理你，女儿也不理你。再说了，从小到大，你关心过女儿吗……"

苏洁站在旁边，眼睁睁地看着父母吵架，不知如何是好。突然，她走过去，用力把茶几上的一个玻璃杯扔到地上。"啪"的一声，玻璃杯摔成了碎片。这时，爸爸、妈妈都看着女儿，不再争吵了。苏洁对着他们大叫："爸爸、妈妈，你们能不能不吵架！从今天开始，我再也不想理你们了！我讨厌回到这个家！我讨厌听你们天天吵架！"

心理分析

现在，很多父母由于工作压力、家庭压力等原因，经常爆发"家庭大战"，还会时不时也来一场"冷战"。这就导致夫妻双方喋喋不休地争吵，相互冷漠，甚至冷言相对。双方发生矛盾争吵时可能完全失去了理智，只顾着自己生气或出气，完全忽视了孩子的感受。经常生活在这样的环境下的孩子，会产生严重的畸形心理，以至于不能正常学习和成长。

父母发生矛盾时，无视孩子感受的行为潜移默化地影响着孩子的未来，这是不言而喻的。有些父母可能因为感情问题或生活上的一些琐碎事情经常喋喋不休地争吵；也有些年轻的父母，自身还残留着孩子气，经常闹情绪。这些父母在发生矛盾的时候，根本就没有考虑到孩子的感受，甚至还会拿孩子出气。这样的行为严重影响了孩子的心理健康，给孩子带来不安全感，主要体现在以下三个方面：

（1）影响孩子学习。父母发生矛盾，忽视孩子的感受，导致孩子不可能一心一意地学习。孩子在家里面对父母冷漠的面孔无可奈何，在学校的课堂上会胡思乱想。这样下去，成绩必定直线下降。

（2）孩子心灵受到伤害，产生畸形心理。父母在发生矛盾时，只顾着生气或者是怎样出气，忽视了孩子的存在和内心感受，这不亚于精神虐待。孩子经常生活在这样的环境下，会对父母产生厌恶感和不安全感，甚至不愿意与人接触，形成一种悲观、孤僻的性格，产生畸形心理。

（3）自暴自弃，放任自流。对孩子来说，父母是他们的依靠。如果父母经常发生矛盾，忽略他们的感受，他们会认为父母再也不爱自己了，不管自己了，甚至不要自己了。一旦产生这种想法，孩子将失去上进心，自暴自弃，放任自流。

父母这样做

第一，作为父母，在日常生活中应该学会包容、体谅对方。这样做，可以减少发生摩擦的次数。相应的，在孩子面前吵架的次数也就少了。当然，父母如果能够做到这一点，可以使夫妻感情稳定、家庭成员和睦相处，为孩子创造一个良好的家庭环境，无论对于孩子的身心，还是对于孩子的学习，有着很大的积极作用。

第二，对于难以避免的矛盾，父母应尽量控制自己的情绪，不要当着孩子的面爆发战争。当然，父母也可以选择一个适当的场合、时间，夫妻两人进行协商与和解。

第三，一旦父母在孩子面前因为某件事情发生争议，要心平气和地解决，切不可互相指责、打骂。当然，更不要让孩子当你们之间"战争"的裁判。

父母的语言

10 指责不是最好的办法

情景案例

有一天，吴骞的妈妈在和他班主任老师的谈话中，知道吴骞曾在学校花钱请同学吃饭。她觉得很诧异，吴骞哪来的钱请同学吃饭呢？于是，等吴骞放学回家后，妈妈问他："你是不是请同学吃饭了？"

吴骞一听，吓了一跳，支支吾吾地说："其实是这样的，因为我前几天刚当上了中队长，所以同学们才吵着让我请客。"妈妈又问他："他们让你请，你就请了？怎么这么听他们的话啊？"

吴骞低着头回答说："他们也请过我，所以我也只好回请他们了。"妈妈又问："那你请客的钱是从哪里来的？"吴骞的声音更小了："是，是我从您的钱包里拿的。"

"我的钱包？你是怎么找到我钱包的？"

"前些天趁您洗澡的时候，从您上衣口袋里拿的，拿了100元钱。"

妈妈听了很想发火，这不是偷吗？可最后她忍住了，对吴骞说："你知道自己错在哪里了吗？"吴骞嗫嚅着说："我，我不该拿妈妈的钱。"妈妈点了点头，又问："可是，你同学执意要你请客，你没钱怎么请呢？"吴骞呆了呆，他显然没想过这个问题："这，我也不知道。"

妈妈叹了口气，语重心长地对吴骞说："孩子，你们还小，在学校里的主要任务是学习，不要学社会上互相请客的一些坏习气。还有，虽然你拿的是妈妈的钱，可这也是一种小偷的行为，知道了吗？"

吴骞羞愧地点了点头，诚恳地对妈妈说："我知道了。"妈妈见他有心悔过，又说："以后碰到这种事情，应当诚实地告诉妈妈，而不是瞒着我们去请同学吃饭，更不应该偷偷从我钱包里拿钱。如果你事先告诉了我们，我们一定会帮你一起想办法，这样不是更好吗？"

吴骞听了，忙保证说："我以后一定会好好改正的。"

妈妈听了吴骞认真的保证，放下心来："好吧，妈妈相信你，知错就改就是好孩子。你看这样好吗？以后，妈妈每天都会给你三元钱的零花钱，随你自己支配。不过，你要把花钱的情况做好记录，妈妈每周会检查一次，如果发现你忘记记录，或是没记清楚，就要取消你一周的零花钱，你同意吗？"

吴骞听了很高兴："真的吗？我以后可以有自己的零花钱了！我保证一定不会乱花钱。并且会做好记录的。"

后来，吴骞果然在每次花钱后都告诉妈妈，而且做好了详细的记录，每周都会把这个记录给妈妈过目。而吴骞从此以后再也没有乱花过一分钱，真正成了一个节约的好孩子。

心理分析

现在，大多数的孩子都是独生子女，父母很容易对孩子寄予过高的期望，只要现实与他们的期望产生落差，往往就无法冷静面对，结果就会采取一些极端的行为来责罚孩子。然而，这样的做法根本不能教育孩子，反而会伤害到孩子，甚至引起孩子的心理疾病，影响到孩子的健康发展。

作为父母，应当学会和孩子交朋友，多从孩子的角度看问题，这样才有利于双方的沟通，减少摩擦和隔阂。现在，有很多孩子都迷上了网络游戏，虽然父母对他们不是打就是骂，然而根本没有任何作用，反而会让孩子变本加厉，将网吧当成自己的家，甚至夜不归宿。在这种情况下，父母就应当考虑换种教育方式，而不是一味指责。

孩子的犯错就像在学习中遇到难题，父母需要像老师解题一样帮助孩子去分析。首先是行为的动机。如果动机是好的，先表扬他，以降低孩子的焦虑。再看方法对不对。方法不错，或部分不错，肯定他，让他知道部分行为还是被认同的。最后看结果如何，错误怎样形成。孩子也许开始以为自己是对的，父母需要告诉孩子任何行为不仅需要自己的满足，还需要别人的认同，要得到认同，就要遵守共同的规则，告诉孩子通常有哪些处事的规则。通过这样的教导，孩子很快会从犯错中学到很多好的东西，同样的错误也不会一犯再犯。如果一上来，父母就不分青红皂白地开始责骂孩子，连一个解释错误的机会都不给孩子。如此一来，孩子与父母的隔阂只能是越来越深。

犯错误是上帝给孩子的权利，就好像迷过路的孩子才不会忘记回家的路。而孩子也只有经历犯错然后改过的过程，才能不断走向成熟，迈向成功。所以，当孩子犯错时，不要指责和大骂，而是应当抱着宽容的心态，先了解孩子犯错的原因，然后再帮助孩子分析错在哪，并指导孩子改错。

美国心理学家戴尔说："孩子需要一定的空间去成长，去试验自己的能力，学会如何对付危险的局势。如果我们过多地做，就剥夺了孩子发展自己能力的机会，也剥夺了他的自立及信心。"为此，在西方的儿童教育中，非常看重试错教育。试错的过程，其实就是锻炼儿童独立生活的过程。在这一过程中，儿童的人格得到了尊重，他们会在今后的学习和生活中体验到尊重他人人格的重要性。因此，必要的错误对儿童的成长是有利的。基于这样的认识，父母一定要较为冷静地对待孩子成长中所犯的错误，倾听孩子的心声，不贸然指责批评，给孩子一个成长的方向，让时间去教育孩子。

孩子犯错了，他也会感到难过。如果这时候父母给孩子批评而不是安慰,孩子会更加痛苦。如果父母责骂孩子,那么后果会更糟糕。下次孩子犯错了,可能会隐瞒事实。心理学家塞奇斯说:"当孩子犯错了,你应该带着孩子从过失的痛苦中走出来,不要老盯着孩子的过失不放,应该去赞扬孩子尝试活动的努力和勇气。"美国宾夕法尼亚州的心理学家莱顿说:"讲述你自己曾经犯过的过失,承认过失,向孩子们解释为什么会犯这个过失,告诉孩子,你将会用怎样的办法去避免重犯。"

如果孩子在犯错之后有勇气向父母承认错误,那么父母千万不要责骂孩子所犯下的错,而应该肯定孩子"承认错误"这一行为。否则,孩子会想:"我主动承认错误你还批评我,下次我再也不会把真相告诉你。"于是,孩子就学会了撒谎。所以,父母一定要给予孩子肯定和鼓励,然后指出错误带来的危害,让孩子在鼓励声中改正错误。

父母这样做

第一,多用肯定式的批评法。很多孩子虽犯了错,但错中还有闪光点。如果父母先对这些闪光点进行表扬的话,孩子才会对批评不产生抵触心理。因为肯定式的批评法保护了孩子某些正当想法或做法,情绪不受破坏,更能接纳父母的教诲。

第二,尽量在孩子犯错时进行一次性纠正。孩子所犯错误,一般具有无意性、浅表性、混合性等特点。父母批评,提倡抓苗头、抓初犯,尽量一次到位,这样改正比较容易。初始纠正不力,以后再纠正,难度会增大。

第三,绝对不要在自己情绪糟糕时或孩子情绪低落时实施批评,否则批评的用语和声调容易失控。批评过后要有沟通,告诉孩子你为什么要批评他。不少父母咬定孩子是"知错不改",对之"屡教不改"怀恨不已,批评不断升级。其实,在很多情况下,父母认识到的,孩子不一定认识到。"知耻而后勇"的哲理,

父母的语言

对孩子尤其是年幼的孩子并不适用。父母告诉他们批评的理由，指出错在何处，分析为什么会错，提供改正的具体途径，便于孩子换位思考，真正提高批评实效。父母错批了孩子，就要勇于道歉。

Part5

身教:父母的行为是"无声的语言"

父母的语言

01 懂礼貌，有修养

情景案例

一次，甜甜对妈妈说："我要吃饼干！"她本来听见了，但却故意不理。

女儿叫了几声，见妈妈不理，就跑过来说："妈妈你有没有听见我要吃饼干呢？"

妈妈说："我听见了，可我不知道你在叫谁呀，你又没有叫'妈妈'。"

女儿笑着说："妈妈我要吃饼干。"

"说得还不对。"

"怎么又不对了？"

"你要说：'妈妈，我想吃饼干，请您帮我拿，好吗？'"

女儿重复了一遍这句话后，她才去拿饼干。等女儿吃完饼干，转身去玩时，却被她一把拉住说："还没完呢！"

女儿瞪着大眼说："完了，吃完了！"

她说："你还没有说声谢谢呢！"

"噢，还要说声'谢谢'？"

"当然啦！别人帮你做了事，怎么可以不说声'谢谢'呢？"

心理分析

甜甜妈妈就是这样一点一点地训练女儿学会使用文明语言的。但是，有的孩子从不把"请、谢谢、对不起"挂在嘴边，听人说话时也不够专心，粗声大气，给人没有礼貌的感觉，还对其他小朋友的衣着评头论足。若有客人造访，孩子就借机向父母提条件，以满足额外要求。这样的孩子在成长过程中，容易产生骄傲自满情绪，不易结交朋友。

　　为了提高孩子的人文素质，让孩子在今后的成长道路上走得更加顺利，父母应该让孩子从小就养成懂礼貌的习惯。讲文明、懂礼貌是中华民族的传统美德。礼貌是谦虚恭敬的语言和动作，它是一个人素养的自然表现，也是人际交往应共同遵守的规则。不学会以礼待人，就无法立身做人，可见礼貌的重要性。礼貌对一个孩子的成长是非常重要的，一个有礼貌的孩子才会有一个正直、谦虚的胸襟，才会得到他人的尊重和喜爱。礼貌需要经过长期逐渐培养才能形成，所以应从小培养孩子讲文明、懂礼貌的良好生活习惯和道德意识。

　　孩子养成了讲礼貌的习惯，也能培养健康的心理，让孩子积极去追求那些美好的东西。如此看来，懂礼貌是孩子健康成长的"催化剂"。同时，讲文明、懂礼貌的孩子也会让家庭充满欢乐，减少父母的烦恼，让父母更加觉得没有枉费心机。更重要的是，孩子从小养成文明礼貌的习惯，就会从小意识到自己的行为要受到社会规范的约束，逐步懂得一个人的社会责任。因此，每位父母都要把文明礼貌教育作为孩子品德教育的重要内容。这既是父母的责任，也是父母对社会应尽的一种义务。

父母这样做

　　第一，不要一味地说教孩子，否则，即便是孩子当场听了你的劝告，也不过是把你的话当成耳旁风，平时该什么样还是什么样，起不到好的作用。只有从孩子身边的细小环节开始，让孩子知道要有礼貌，才能更好地在这样的环境下培养出孩子好的习惯来。

　　第二，让孩子懂礼貌，从和别人打招呼开始。见面打招呼是最常见的问候方式，不要小看这种简单的问候。要想让孩子养成习惯并主动说出,这不是一件容易的事。如果孩子主动使用文明用语,做父母的要及时给予表扬,让孩子知道懂礼貌的孩子是人人喜爱的。

第三,在日常生活中,要教育孩子尊重长辈。这一点,父母一定要以身作则。如果父母自身对长辈就不尊敬、不孝顺,孩子就不可能学会尊敬老人。

第四,节假日去亲戚朋友家做客是我们中华民族的风俗。在带孩子去做客的时候,也是培养孩子懂礼貌的好机会。到了亲戚朋友家,不要让孩子大吵大闹,不要跟其他孩子抢东西,不要用手抓东西吃,要和主人家小朋友友好相处。一定不要去拉主人的抽屉或翻柜子,更不要到主人的卧室特别是床上打打闹闹。

第五,到了公共场合,要让孩子遵守秩序,文明讲话。在乘公交车的时候,要排队上车,看到有抱孩子或者年迈的老人要学会让座。当有人给你让座的时候,要学会说"谢谢"。不小心碰到别人,要主动说"对不起"。有些年轻的父母抱孩子上车后,见到有人让座,一句话不说就坐下,这给孩子的印象就是上车后,就应该有人站起来让座,如果没有人站起来,就会又哭又叫。在图书馆、医院、教室等公共场所,不要让孩子大声喧哗,要培养孩子在公共场所低声说话、举止轻慢、不急不躁的习惯。

第六,父母在给孩子传授文明礼貌常识的时候,避免使用教训般的生硬口气,而要跟孩子沟通,要像朋友一样用劝说或者是引导性的语气对孩子进行文明礼貌的教育。

02 自己的事情自己干

情景案例

格格是个成绩很好的学生,今年暑假以全校第一名的中考成绩考取市重点一中。全家人都很高兴,亲戚朋友也向格格一家贺喜,都说格格三年后肯定能考取清华、北大一类的一流大学。

但开学后刚两周,格格就从离家一百千米远的学校回来了,手里还拿着学校开的休学证明。格格的父母看完证明后,对自己的教育方式懊悔不已。

原来,格格的父母为了使她能有更多的时间学习,把生活中所有的事情都为她包办了,从小到现在一直这样,甚至每天穿的衣服都要给格格准备好,更别说洗衣服、做家务这样的事情了。这样一来,格格离开家后,生活一点儿也不能自理,只好休学回家了。

心理分析

美国教育家罗伯特博士曾提出现代幼儿教育的十大目标,其中第一个便是"独立性"。一个缺乏独立性的孩子是无法适应现代社会的,今天的幼儿长大后将面对的是急剧的社会变化、迅猛的科技发展,他们需要具备独立思考、判断和解决问题的能力,否则将难以生存和发展。

联合国教科文组织国际21世纪教育委员会面对瞬息万变的未来世界,在向联合国教科文组织提交的报告中提出了教育的"四大支柱",即学会认识、学会做事、学会共同生活、学会生存，而其中任何一个"学会"都离不开主体的"独立性"。因此，父母培养孩子具备"独立性"，被视为面向未来、培养新一代的主要目标之一。

地球上的万物都是有生命的，依其不同的方式存在。儿童时期是孩子世界观、人生观、价值观的萌发时期。一般健康幼儿在三岁前就有意志萌芽，能初步借助言语来支配自己的行动，出现独立行动的意愿，如"我要……""我自己……"。因此，有意识地培养孩子独立的能力，除了培养让孩子自己洗手、洗脸、刷牙、穿衣服，做一些力所能及的事情外，还可以让孩子练习一些复杂内容的活动，如收拾玩具、缝扣子、洗碗筷，摆碗筷、桌椅，到不远的地方买东西等。唯有把培养孩子的"独立性"作为孩子健康发展的重要目标之一，自始至终贯彻在孩子的日常生活中，才能使孩子养成良好的生活习惯。

现在的父母常常将孩子视为掌上明珠，对孩子疼爱备至，常常是一家人围着一个孩子转；而现在的孩子，个个都是家中的"小皇帝""小公主"，饭来张口，衣来伸手，每件事情都有长辈包办代替，致使孩子什么事也不会做，什么事也不愿做。长久如此的话，孩子就会习惯让父母帮自己做所有的事情。

过分依赖父母的孩子，没有独立的精神，缺少自己动手的能力，事事需要父母安排与打理，就像案例中的格格一样。这样的孩子离开父母后，就会感觉到手足无措，任何事情都不知道应该如何下手而向后退缩。将来走向社会时也不会主动思考，积极行动，常因担心做不好事情而忧愁、焦虑，影响身心的健康。

孩子过分依赖的习惯，会衍生出懦弱的性格，不敢负责任的行为，是孩子将来事业成功的一大障碍，对生活也会产生不良的影响。因此，父母一定要从小重视培养孩子的独立精神，早些帮孩子克服依赖的心理与习惯。

孩子依赖性习惯的形成，是一个漫长的过程。父母要及早发现，及时改正自己的教育方式，对孩子依赖性的心理进行疏导，

Part5 身教：父母的行为是"无声的语言"

放手让孩子做力所能及的事情。给孩子创造自己动手实践的条件，遇到问题先让孩子自己动脑去解决，增强孩子独立的意识。同时，父母在克服孩子依赖心理的过程中，要有耐心，对孩子采取多表扬少批评的态度，循序渐进地增强孩子的信心，从而逐渐提高孩子动手的能力，克服过分依赖的习惯。

教育家陈鹤琴说："凡是孩子自己能做的事，让他自己去做。"儿童心理学研究表明，孩子都是喜欢自己做事情的，喜欢说"我能""我自己来"等。父母应该顺应孩子的天性，让孩子大胆去做感兴趣的事情。这不仅对培养孩子的独立性、自理能力很重要，而且培养了孩子的意志和责任感，使孩子学会对自己的生活和行为负责，还可以增加他们的基本生活常识和劳动能力，否则就会像格格的父母那样，妨碍了孩子真正长大成人。因此，父母要注意让孩子做一些力所能及的事情，培养孩子的独立生活能力。

父母这样做

第一，父母要提高认识，更新观念。父母要明白，孩子的人生之路最终还是要他们自己去走，父母帮得了一时帮不了一世，只有让他们学会为自己服务才能为他人服务；也要让孩子明白"天上不会掉馅饼""从来就没有什么救世主，一切要靠我们自己"的道理。只有离开父母的怀抱，才能锻炼出苍鹰的矫健翅膀，翱翔于天空之中。通过讲名人逸事等方式，使孩子明白自己的事情要自己做，自己的小手也能做许多大事。要激发孩子自我服务的兴趣，使孩子养成良好的生活习惯。不要过度关注孩子，而应给予孩子充分的活动自由。放手让孩子自己做事情，父母不要从中间插手，一般情况下在进行过程中不要提出任何建议。要与孩子建立亲密关系，让孩子充分感受到爱。父母与孩子之间可以尝试以朋友方式相处，给孩子提供充足的信任感和安全感，孩子才敢大胆地去尝试。

第二，让孩子学会说"我自己来"。父母应积极鼓励，注意引导，尽量让孩子去做他想做的事情。孩子要自己吃饭，父母就给他小勺和碗；孩子要自己喝水，父母就把小缸子给他。哪怕孩子打碎餐具或弄脏衣服，父母也不要代劳——但是，父母可以给孩子一些帮助。例如，教给孩子拿勺子的正确方法、吃饭时要用手扶住碗等，使孩子尽快学会这些本领。父母不要怕麻烦，不要认为让孩子干还不如自己替孩子干省事，而使孩子失去锻炼的机会。孩子通过自己做事情能锻炼意志，发展动作，增强独立活动的信心。如果父母能抓住这个时期，顺应孩子"我自己来"的要求，则可以较顺利地培养起孩子的自我服务能力。

第三，要善于在生活中一点一滴培养。先提出任务，再悄悄创造完成任务的条件。例如，学洗衣服时，可以让孩子洗污渍较少的。最初要保证孩子能够比较容易地完成任务，再逐渐增加难度，这样才会增加学习自我服务技能的兴趣，而不至于一下子被难倒或再也不听从指挥。单纯的改善观念当然还不行，关键要落到实处。力所能及的事情要让孩子自己动手做。要鼓励或间接指导孩子做简单的事，让孩子体会到依靠自己双手取得成功的喜悦。不要总是一味代劳，凡孩子力所能及的事情尽量放手让他们自己动手做。也许会经历几次失败，但总有一天，孩子会做得很好。

第四，要肯定和鼓励孩子每个小小的进步。哪怕孩子独立完成一件微不足道的事，父母也要给予鼓励，以培养孩子的兴趣。如孩子自己洗脏衣服，尽管洗得不怎么干净，父母也应该说"会自己洗衣服了，真是个好孩子"之类表扬孩子的话。同时，父母应不失时机地教孩子怎样洗衣服。父母要多给孩子提供一些自我服务的机会。如在学校组织春游的时候，让孩子自己决定穿什么衣服、准备什么食物。过节了，要清理房间，可以跟孩子说："爸爸妈妈跟你来个比赛，看谁的房间整理得漂亮！"这样一来，引导孩子自己动手，使他们愿意自己劳动，在劳动中提高孩子自我服务的能力。父母要有耐心，不要急于求成。孩子刚开始动手时，经常会不小心把事情搞糟。这个时候，父母千万不要呵斥孩子，否则就会损伤他们的积极性，而要耐心地把动作解释清楚，并做示范，然后再让他练习。

第五，定下一些规则，全家上下一律遵守。如果孩子依赖、懒惰成性，鼓励或模范可能都不起作用。这时，就可以定下一些规则，如"不洗澡就不准上床"。如果孩子不听劝告，父母可以不理睬孩子的抗议。确立规则时，不要带有责备的语气，也不要重复唠叨，只要以行动来证实就可以了。

父母的语言

03 珍惜时间，不拖拉

情景案例

邻居家的小杰仿佛天生就是个做事比较拖拉的孩子，不管什么事情，总要拖到很晚才会去做。上了小学还是这样，妈妈开导他好多次，收效都不太大。

有一次，妈妈的一个"计谋"，让小杰改掉了这个坏毛病。

那是一个国庆节。放假前，妈妈一直没有告诉小杰这个节怎么过。因为假期较长，所以小杰根本没打算先做作业。过了两天，妈妈突然说："最后两天我们去海边玩，在那里可没法做作业，你要么明天把作业做完，要么就不去。"小杰很着急，只有一天的时间，为了能去海边，他只好整天都待在家里写作业，忙活了一天才完成，然后开开心心地去海边玩了。

后来，妈妈每次定计划都不提前告诉小杰，先看着他把时间耗掉了，然后才说有什么旅游之类的好事。总是只留给他一点点写作业的时间，每次都弄得他很匆忙，甚至有一次因为太着急还把作业写错了。看到小杰这么狼狈，妈妈终于给他出了个"点子"："在老师布置作业之后，你不要拖拉，抓紧时间完成，这样就不用每次都赶着写了。"小杰听了，就按妈妈支的"招儿"做。又是一个周末，小杰很早就把作业写好了，然后问妈妈："能不能到外婆家去玩？"妈妈愉快地答应了。

于是，小杰渐渐养成每次都尽量先做好作业，然后留下剩余的时间来慢慢计划的习惯。这个习惯，让小杰有更多的时间做他喜欢的事,也让小杰每次在做事的时候,很少因时间不足而手忙脚乱。

心理分析

时间就是金钱,时间有时比金钱还要珍贵,珍惜时间就是珍惜生命。孩子能否安排好自己的时间,与孩子的学习效率有很大的联系。不珍惜时间,无法合理安排时间的孩子往往缺少自我控制的能力,缺乏不断前进的动力。如果父母在早期教育中让孩子养成了良好的时间观念,就等于给了孩子知识、力量、聪明和美好的开端。善于利用自己时间的孩子将会获得高效率的学习结果,也是最能出成绩的孩子。

很多孩子的时间观念并不强,他们往往不能按问题的主次和事情的轻重缓急来安排时间,而是凭自己的兴趣来安排时间。结果,不但造成了不必要的时间浪费,而且还会影响处理许多事情。因此,在孩子不善于利用时间时,父母应该运用一定的方法帮助孩子养成合理安排时间的好习惯。

每个父母都应该意识到,良好的作息习惯对孩子的身心健康起着极为重要的作用。而要养成良好的作息习惯,其中非常关键的一点就是要孩子能够在适当的时间做适当的事。现实告诉我们,凡是那些能够按时睡觉、按时起床、按时就餐、按时学习、按时活动的儿童,大多是身体健壮、学习成绩优良、自理能力强的孩子。

从另一个角度看,良好的作息习惯是具有时间观念、效益观念的具体体现。父母要让孩子从小认识到时间是最宝贵的财富,要使孩子真正懂得时间与成才、效率与成功的关系。这一点是新型人才必备的基本素质之一。所以,良好的作息习惯的形成有利于孩子适应社会的需求、适应时代的需求。

在孩子的作息时间中,学习时间一定要固定下来,父母必须规定孩子在一定的时间内进行学习。中小学生的作业一般需用一

父母的语言

个小时左右,周末的作业量还会多一些。父母应该事先与孩子商量好做作业时间、中间休息的时间,然后按规定进行。规定孩子在一定的时间内必须学习会使孩子具有一定的紧迫感,集中注意力,从而提高学习效率。

孩子上学以后,必须要有充足的睡眠时间。早晨,父母要给孩子安排好吃早饭的时间。现在,一般学校都安排了下午课后管理班,由老师辅导孩子完成作业。放学回家以后,要问问孩子是否完成作业,让孩子洗洗手,喝点水,少量吃点水果,稍加放松。如果孩子还有没完成的作业,让他首先完成作业。如果孩子已经写完作业,让孩子再认真地检查一遍。在父母做饭的时间,可安排孩子看看动画片,看课外读物,开展室内外游戏……晚饭后,父母可检查一下孩子的学习情况。如听听孩子读书,听写一些语文字词,练一些数学口算题。等孩子上中、高年级以后,再让他们学会预习第二天的课程。最后,要让孩子看课程表、记事本,再回忆一下老师还有什么要求,准备好第二天的学习用具,洗漱后就可睡觉了。

父母尽量不要在正常的作息安排之外再给孩子增加其他的工作,这样可能会引起孩子的反感,打乱正常的作息规律。

父母这样做

第一,作息有规律。孩子心理过程的随意性很强,自我控制能力较差。常常是一边吃饭,一边玩耍;一件事情还没有做完,心里又想着另一件事情;做事总是杂乱无章,缺乏条理。这时候,父母如果不加注意,就会让孩子养成拖拉的坏习惯,久而久之,这种坏习惯就会根深蒂固。时间对孩子来说非常抽象,所以他们一般体会不到时间的重要性。但是,父母一定要坚持让孩子养成有规律的作息习惯。良好的作息习惯是养成时间观念的前提。父母可以和孩子一起制订一张作息时间表,什么时间起床,洗漱要多长时间,吃早餐要多少时间;放学后先做什么,然后做

Part5 身教：父母的行为是"无声的语言"

什么，几点睡觉等，都可以让孩子做出合理的安排。只有把作息时间固定下来，逐步形成习惯，孩子才能对时间有一个明确的认识，才能养成良好的时间观念。在孩子的作息时间中，学习时间一定要固定下来，父母必须规定孩子在一定的时间内进行学习。父母应该事先与孩子商量好做作业时间、中间休息的时间，然后按规定进行。规定孩子在一定的时间内必须学习会使孩子具有一定的紧迫感，集中注意力，从而提高学习效率。父母一定要注意，在孩子高质量、高效率地提前完成学习任务时，千万不可以再追加作业，这样会造成孩子的反感，从而对学习感到厌烦。正确的做法是表扬孩子的高质量学习，并奖励孩子一定的时间来休息和娱乐。

第二，指导孩子按照任务的轻重缓急安排学习顺序。孩子往往分不清自己要做的事情的重要程度，他们的事情往往是由父母和老师来安排的。这是造成孩子不善于利用时间的一大原因。事实上，只有充分认识到自己要做的事情与自己的关系，才有可能把这些事情处理好。父母可以指导孩子每天把自己要做的事情按照重要程度和紧迫程序排列顺序，分为以下几类：第一类是重要而紧迫的事情，如考试、测验；第二类是紧迫但不重要的事情，如完成家庭作业；第三类是重要但不紧迫的事情，如提高阅读能力；第四类是既不重要也不紧迫的事情，如果时间不允许可以不做。如果孩子能够按照这个顺序来安排学习任务，可以保证把重要的事情都完成，把学习安排得井井有条。对于读书这种事，应该让孩子明白是最重要而紧迫的。苏联教育家苏霍姆林斯基说："要学会强迫自己天天读书，不要把今天的工作搁到明天。今天丢弃的东西，明天怎么也补不上了。"对于玩耍、逛街等事情，父母要教孩子在做这些事情之前，先问问自己："我有必要做这件事吗？""做这件事会花我多少时间？""有没有比这件事更重要的事情需要我去做呢？"通过这种事前思考，可以帮助孩子少做一些不重要的事情，从而

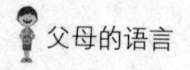

提高时间的利用率。

第三，教孩子有效利用黄金时间。每个人都有生物节律，孩子也是如此。孩子常常会有这种感觉：在相同的时间段，心情好的时候学习效率就高，情绪不稳定的时候，学习效率就低；在一天当中，早晨和夜间学习效率高，下午和傍晚学习效率低。可见，孩子的学习往往存在一个最佳学习时机。当然，每个人的具体情况又有所不同，有些人早上学习效率高，有些人晚上学习效率高。父母可以让孩子注意观察自己的特点，掌握自己的最佳学习时间，然后把重要的学习内容安排到最佳时间里去学习。

第四，给孩子玩的时间。许多父母认为，孩子由于作业做得太慢而没有了玩的时间，就不断地催促孩子、埋怨孩子，甚至惩罚孩子更长时间地学习。其实，孩子是因为父母把自己的时间安排得满满的，完全没有自己支配的时间，才会不珍惜时间，才会拖拖拉拉。在这种没有希望、没完没了的学习过程中，孩子的心态是消极的，没有目标，没有兴趣，往往心烦意乱、错误百出，时间又拖得很长，结果造成了恶性循环。因此，父母必须给孩子一定的自由支配时间，让孩子去做自己想做的事，注重培养孩子的学习兴趣和主动性。比如，有的父母要求孩子每天放松一小时。在这一小时内，孩子可以玩、听音乐、休息等，不管干什么，父母都不去干涉，等孩子情绪比较稳定和愉快，有了学习的兴趣和主动性时，就会比较愿意开始较长时间的艰苦学习，学习效果也会更加理想。

第五，教孩子定期检查时间运用。孩子的时间是否浪费了，有时候，孩子不认真检查是不太清楚的。因此，要想让孩子合理地利用时间，就得让孩子学会检查自己的时间运用状况。在日常生活中，父母可以要求孩子每天把自己的时间运用情况记在日记本上，每月分析自己时间运用的规律，找出浪费时间的地方。这样一来，就可以帮助孩子减少时间浪费。另一种方法是父母让孩子先对自己每天要做的事情制订一个计划,在晚上再对自己的计划进行总结,看哪些做到了,哪些没做到,为什么会没有做到,是不是哪里浪费了时间。然后,教孩子减少时间的浪费,每天按计划完成任务。

父母的语言

04 有爱心，懂得感恩

情景案例

李东是小学四年级学生，平时衣来伸手，饭来张口，连自己的学习用具都要由母亲来整理。有一天，李东和妈妈吵架了，他转身就向外面跑。气愤的母亲说："出去就不要回来了！"

李东流着泪，在街上漫无目的地走了许久。天就快黑了，渐渐平静下来的他才感觉到肚子饿了。正巧，前面就有一个面摊，冒着热气的汤面对饥饿的孩子来说，实在太具有诱惑力了。可是，他摸了摸口袋，没有半毛钱。

面摊的老板是一个很漂亮的阿姨，看到他站在路边，就问他："孩子，你是不是想要吃面？"

李东有些不好意思地回答："对不起，我忘了带钱。"

"没关系，我请你吃。"阿姨看了看他说。

过了一会儿，面端上来了，李东很感激地端起碗吃了起来。

"你怎么这么晚还不回家啊？"阿姨看着他问。

李东哭着说："阿姨，我妈妈要是像你一样就好了。"

"为什么？"

李东擦着眼泪说："你不认识我，却对我这么好，我没带钱，你还请我吃面。可是，我妈她和我吵架，竟然把我赶出来，还叫我不要再回去！"

阿姨听了，说道："孩子，你怎么会这么想呢？你想想看，我只不过给了你一碗面，你就这么感激我。可是，你妈妈养了你

Part5　身教：父母的行为是"无声的语言"

十多年，每天为你洗衣做饭，你怎么不感激她？竟然还和她吵架？"

李东愣住了，他急忙放下筷子往家里的方向跑去。当他走到家附近时，看到焦急的妈妈正在路口四处张望。李东的眼泪又开始掉下来，他扑到妈妈的怀里，发现妈妈的眼里也含着泪……

心理分析

像李东这样的孩子，连自己父母的养育之恩都不懂得回报，将来走进社会后，又怎么懂得感恩社会、感恩他人呢？这样的例子还有很多，这并不是多么遥远的事情，就发生在我们身边。可见，现在的孩子不懂得感恩已是一个不争的事实。因此，父母要特别注意，除了教孩子勤读书、有礼貌、守秩序外，还要注意多培养孩子的感恩之心。只有懂得感恩的孩子才懂得爱，而在爱中成长的孩子才能健康快乐地成长，将来踏入社会后，才懂得回报社会、奉献社会、感恩他人。

我们知道，父母辛辛苦苦养育孩子，除了照顾孩子吃穿玩乐，还要想尽办法把他培养成才，按道理说，孩子应该最能体会父母的艰辛，也应该最能体会来自父母的真真切切的关爱，但现实生活中的孩子很少能这样。因此，怎样让孩子懂得感恩是家庭教育中非常重要也非常必要的。没有谁希望自己抚养出的是一个不孝的不懂感恩的子女。

当然，只对父母感恩是远远不够的，对社会的感恩也同样至关重要。感恩不仅是一种良好的心态，也是一种伟大的奉献精神。孩子将来慢慢长大成人，总有一天要走进社会，在众多的社会关系中，孩子会受到很多同事、亲人、朋友、陌生人的帮助。这时，孩子最需要有一颗感恩的心。当孩子以一颗感恩图报的心面对社会时，他会活得更愉快、更出色。

然而，现在社会独生子女越来越多，他们在家过着"衣来伸手，饭来张口"的生活，全家一切以孩子为中心，而孩子从小到

父母的语言

大都是扮演被爱的角色。日子久了,大多数孩子会认为自己从父母那里得到的关爱就是应该的,生活中只知道索取,不知道回报,自然不会想着去关心别人和感激他人。可见,如何让孩子懂得感恩是一件特别重要的事情。

现代家庭中,许多父母对孩子的付出更是超出了正常的爱,他们经常有意无意地向孩子表明:父母的爱是无偿的、无私的。这一做法似乎证明了父爱、母爱的伟大,但事实上却向孩子传递了一个错误的信号:父母爱他是天经地义的,是不需要回报的。这就让孩子慢慢养成了乐于接受的习惯,哪里还知道感恩?父母的恩情都忘记了,更别说感恩他人了。

感恩是一种对别人帮助自己的感激的心理表示。每个人都应该对帮助过自己的人有感恩之心。学会感恩,是为了擦亮蒙尘的心灵而不致麻木;学会感恩,是为了将无以为报的点滴付出永铭于心。在现实生活中,如果我们都能做到不忘感恩,那我们的社会将是多么的美好,人与人之间将是多么的和谐、亲切。我们自己的生活也会因此变得更加幸福美满。因此,父母应该让孩子从小学会知恩图报,懂得感恩、报恩。

"谁言寸草心,报得三春晖。"从今天起,父母就要好好教育孩子学会感恩,引导孩子学会尊重和感谢别人对自己的付出。与此同时,父母也要为孩子做好知恩图报的榜样,给孩子感恩的机会,让孩子参与到家务活中来。我们相信,在父母的努力下,孩子一定能成为懂得感恩的好孩子。

有爱心,懂得感恩的人,才能明白幸福的所在。父母只有从小培养孩子懂得感恩的心,才能让孩子每一刻都过得幸福。

父母这样做

第一,以身作则,用自己的行动影响孩子。让孩子学会感恩,父母要以身作则。孔子说:"其身正,不令而行;其身不正,虽令不从。"父母要实行身教,严格要求自己,凡是要求孩子做到的事，自己首先要做到、做好，让自己的言行举止随时随地潜移默化地影响孩子。在日常生活中，父母要向孩子传达感恩的观念，并在一些小事上给予积极的引导。如果父母平时不忘感恩，那么孩子也势必会拥有一颗感恩的心。

第二，让孩子分担些简单的家务。作为父母，在以自己的行动来影响孩子的同时，还要让孩子分担一些简单的家务。其实，孩子长大后不知感恩、不懂孝顺的行为，也不能完全怪孩子，因为其中很大一部分原因都在于父母的教育方式不当，孩子的不孝往往是父母惯出来的毛病。很多父母不舍得让孩子做家务，孩子从小到大都是衣来伸手、饭来张口，因而逐渐就失去了家庭责任感。等孩子长大后，父母才知道后悔，可是已经晚了。父母要鼓励孩子做一些力所能及的家务活儿，比如收拾桌子、洗碗、叠被子等。孩子在劳动中就能够体会到父母平日的艰辛，自然也就会懂得感恩了。让孩子懂得感恩父母，是孩子健康成长的必修课。父母一定要让孩子多做一些家务，让孩子学会体谅父母，回报父母的养育之恩。

第三，给孩子感恩的机会。孩子的习惯都是平时养成的，如果父母不给孩子感恩的机会，那么孩子就不可能养成感恩的习惯。因此，父母平时一定要多给孩子感恩的机会，让孩子在感恩中学会感恩父母、感恩生活。

父母的语言

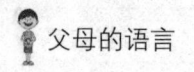

05 勤俭节约但不吝啬

情景案例

燕燕今年上小学三年级了,她不但长得漂亮,学习还非常好,老师和父母都非常喜欢她。但是,燕燕有一个小毛病,就是很喜欢浪费纸张,一张纸只简单地写几个字或者算几个数学题,没有用完就随手拿起来扔到地上了。而且,那种带长格的作业本,燕燕从来都不按照长格的范围写字,总是把字写得大大的。一张纸上本来能写20行字,而她常常是写个七八行就写满了,有时候下面还空着很多,就翻过去换下一张纸了。有时候,一个字写不好,就"嘶"地一下把纸从作业本上撕下来。往往不到学期结束,一本好好的笔记本就被她撕得只剩下两张皮。家里人对她的这种做法非常反感,常常告诫她不要这么浪费。可她却不以为然:"这有什么,反正爸爸、妈妈会给我买,浪费几张又怕什么?"

而燕燕的同桌强强就不一样了。强强是外来子女,父母都在这个城市打工,家庭条件不像燕燕那么好,所以一直很爱惜自己的学习用品。自己的演算本,正面用了反面再用。到学期末,还把所有用过的书本拿到废品收购站卖,换一些零钱。现在,像强强这样节约用纸的孩子已不多见。

心理分析

随着生活水平的提高,许多家庭的生活条件优越。孩子生长在这种环境中,没受过苦难,不懂得珍惜得来不易的日子。他们认为，生活条件好了，不愁吃、不愁穿，浪费一点也没什么。因此，节俭也就成了一句空话。甚至还有孩子认为父母提倡节俭是让自己受没必要的苦。

事实上，造成这些现象的主要原因是父母过于宠爱孩子，孩子爱怎样就怎样，家里有钱，父母也百依百顺。很多父母觉得自己小时候什么都没有，现在又不穷，为什么还让孩子受苦？

更有父母干脆说："旧的不去，新的不来。想要什么尽管开口，只要功课好就行！"结果可想而知。

作家汤姆斯·史坦利调查了美国将近1000位富翁，把调查结果写在他的著作《富翁心态》中。在他的调查中，这些富翁往往是事业的开创者，找到获利的途径，从而开辟滚滚的财源。他们喜爱自己的事业，激励的动机是建立事业，不是建立财富。他们生活舒适，但并不浪费。值得一提的是，多数接受调查的富翁说，他们会买昂贵的鞋子，但同样也会换鞋底，而不是坏了就一扔了之。此外，他们有勤俭负责的配偶持家。基本的原则是：量入为出。

会赚钱并不表示会积蓄，换言之，就算具有再大的赚钱才能，如果挥霍无度，也无法成为富翁。一般而言，重视金钱的人较懂得量入为出，所以他们也善于汇集金钱，勤俭度日。这正是很多大富翁致富的主要原因。

时代在前进，国家在发展，人民的生活越来越好。今天，绝大多数人都不缺吃，不缺穿，不愁没钱花——这意味着我们的物质财富越来越丰富了，但并不意味着我们就应该随心所欲地支配或挥霍。物足其用则可——俭朴可以使你在最大程度上享用生活，没有必要为了满足自己或他人的虚荣心而任意奢侈浪费。而令人遗憾的是，当今许多家庭不懂得这个道理，并使孩子也沾染上了挥霍浪费的恶习。

生活条件好了，并不意味着可以铺张浪费。父母要从小就培养孩子节约的习惯，给孩子灌输节约是一种美德的观念，让孩子

父母的语言

从我做起,从现在做起,从节约一张纸、一度电、一滴水、一分钱做起,全面提高孩子的品德素质。

我们常说"大富由天,小富从俭""聚沙成塔""滴水穿石""积少成多",都说明了节俭在生活中的重要,但别忽略了"当用不省"的道理,否则就成了"守财奴""铁公鸡",有可能既委屈自己又影响生活质量,甚至失去助人行善的机会。

节俭不等于吝啬。节俭,是在生活中节约财物、不讲排场的意思;吝啬,是舍不得钱财周济贫穷、不愿意救助急难的意思。节俭习惯的养成,是一个日积月累、循序渐进的过程。要把孩子培养成有志向、有出息的人,勤俭节约、艰苦朴素的教育是不可或缺的,这将成为孩子永久的人生财富。

父母这样做

第一,要经常给孩子讲勤俭持家的故事和道理。让孩子懂得一粒米、一滴水、一度电来之不易,都是人们辛勤劳动换来的。历史上东晋的陶侃由于受到母亲良好的教导,一生勤勉俭朴,连造木船剩下的碎块木屑都收藏好,备以后用,这一美谈流传至今。

第二,要让孩子从小养成节约的好习惯。使用学习用品要节约,一张纸写错了字,擦掉还可以用。生活上也要讲节约,衣服破了个洞,补好了还可以穿,人离去灯要熄灭等。

第三,要让孩子学会利用废旧物品。比如,可用易拉罐做个花篮,将旧凉鞋剪成拖鞋,作业纸写完后背面接下去写等。这样做,既可培养孩子的节约习惯,又是一种手工劳动练习。

第四,指导孩子如何花钱。首先,父母给孩子零花钱要有计划,要限制数额,不要有求必应。应根据孩子年龄大小、实际用途和支配能力,定时定量给予。其次,父母要过问孩子把钱花在了什么地方。每次给钱时,可让孩子说说上次的零花钱用在哪里。用得不当,应予批评,甚至暂停"援助"。有些父母要孩子

Part5 身教：父母的行为是"无声的语言"

记账，过几天查一次账，这不失为一种好办法。另外，父母要鼓励孩子该用的地方要大大方方地用，能少用的就不要多用，能不用的尽可能不用。总之，要教育孩子既不乱花钱，也不要养成吝啬的"守财奴"性格。

父母的语言

06 诚实不说谎

情景案例

邻居家的自来水哗哗地流着。妈妈正在洗衣服,文文站在水池旁。"妈妈,水表里面的小针不走了!"文文大声对妈妈说。

"别吵,让人听见了!咱家水表坏了。"妈妈小声敷衍着。

这时,有人敲门,文文打开门,是查水表的叔叔来了。

"叔叔你来得真巧,我家水表坏了,正想去找你修呢!"

"小孩子懂什么!"妈妈瞪了他一眼,连忙开大水龙头,"你看指针转着呢,水表没坏。"

文文满脸疑惑地走开了。

后来,文文在玩耍的时候不小心打碎了一个茶杯,这个茶杯是爸爸从国外带回来的,非常珍贵。爸爸看到了,非常生气。"不是我打碎的,是小猫碰下来的。"文文小声地对爸爸说。

"小小年纪就学会撒谎了!"说着,爸爸一巴掌打在文文的屁股上。

文文哭了起来,他的眼睛里充满了疑惑。

心理分析

与某些城府颇深的大人相比,孩子的诚实往往令人敬畏,因为孩子少有大人的复杂和狡诈,他们不懂得"作秀",而敢于诚实待人。他们的心里没有私利,只是实事求是,把自己看到的、想到的原原本本地说出来,这是多么可贵的品质,而恰恰有些父母却把孩子的这种品质扼杀了。

Part5　身教：父母的行为是"无声的语言"

现实生活中，有一些父母把孩子的诚实忽略了，甚至因为某些个人私利而责怪孩子的诚实，教孩子撒谎。这样做会让孩子无所适从，对做人的原则产生疑惑，最终养成撒谎的坏习惯，甚至造成心灵扭曲。

有一些父母希望自己的孩子诚实，希望自己的孩子不要欺骗自己，不要对父母有丝毫隐瞒。但是，他们往往在孩子面前撒谎，甚至教唆孩子去欺骗别人、隐瞒真相。如此一来，孩子最终学会了撒谎。

因此，每个父母都应该明白，培养孩子诚实的品质，远比占一点小便宜重要得多。对于孩子的诚实，父母应该给予赏识和赞扬，用赏识留住孩子的纯洁和诚实，培养孩子诚实正直的优秀品质。

诚实做人是人性最基本的优点，也是衡量一个人品德素质的最基本的标准。诚实做人的品质比其他任何品质都更能赢得尊重和尊敬，更能取信于人。诚实是立身之本，是一个人最宝贵的财产。它能让孩子挺直脊梁、光明磊落地做人，还能给孩子以勇气和力量。

父母都不想看到自己的孩子整天撒谎，都希望自己的孩子养成诚实做人的习惯。但是，许多孩子却是说的一个样，做的另一个样；当面一个样，背后另一个样。面对孩子的这种行为，许多父母是既生气又着急，对孩子不停训斥甚至是惩罚。但是，这种方法有时却促使孩子更善于撒谎了。

每个孩子爱撒谎的行为都不是天生的，而是在后天的生活中由于某种需要引起的。比如，孩子在学校受到批评，回家后不敢跟父母说，孩子为了买一些零食吃而编造出很多以学习为理由的话……从心理学来看，孩子的道德意识和道德行为的发展是相辅相成的，道德意识决定着道德行为，道德行为又反过来体现着道德意识。孩子的认识水平还不能够与道德行为同步发展，所以才会出现孩子的认识和行为脱节的情况。这也是很多孩子意识不到

父母的语言

撒谎的后果，不能够总结教训，改变自己撒谎毛病的原因。有时候，孩子也能够意识到自己的所作所为是不对的，但因为自己的意志力不够强，自控能力弱，造成他们说话不算数，答应人家的事却又做不到。

为了改变孩子不诚实的毛病，加强孩子的意志力和自控力，父母要细心、耐心地教育孩子。对于孩子经常为了某种需要而撒谎，或者是言行不一、不履行诺言的行为，父母应该多从孩子的认识发展方面出发，而不要一发现孩子有了不诚实的行为就认为孩子道德败坏，对孩子又打又骂。这样做，不仅起不到教育孩子的作用，而且会造成孩子性格扭曲。如果父母从小就注意对孩子进行诚信教育，孩子是可以养成这一良好习惯的。

父母这样做

第一，消除孩子的恐惧心理，避免孩子说谎。哲学家罗素说："孩子不诚实几乎总是恐惧的结果。"可以说，很多父母都教训过孩子，不管是打也好，骂也好，都会使孩子对父母产生恐惧心理。孩子说谎也许是因为本身需要安全感，为了不让父母责备或者打骂，才做出了一些不诚实的行为。如果父母能够给孩子安全感，孩子就会诚实起来。对于说谎的孩子，威胁或强迫他承认错误都是不正确的方法，父母最好能冷静、严肃地与孩子谈谈。孩子承认错误以后，父母一定要称赞孩子的诚实表现，比如说："虽然你做错了事，但是你勇敢地承认了错误，说出了事情的真相，还是一个诚实的好孩子，我们还是喜欢你的。以后，你一定要做一个诚实的好孩子啊！"

第二，多暗示，少批评。在生活中，父母看到诚实的孩子，总会竖起拇指大加夸奖；在电视中看到诚实的孩子，也要禁不住夸上几句。当孩子在身边的时候，父母要抓住这些机会，多暗示孩子向这些诚实的孩子学习。当孩子小的时候，父母要讲一些诚实孩子的故事给他听，暗示加鼓励，让孩子从小就做一个诚实的人,像故事和电影里那些诚实的孩子一样。当孩子做错事了,也不要急着批评孩子,尽量少用一些诸如"你要说实话""你说的是真的吗""你要是骗我,回家非打你不可"等负面的话来吓唬孩子,否则就会在孩子心理上种下一个说谎的种子。所以,父母要经常用正面暗示的方法去感动孩子,少用或不用负面暗示去刺激孩子说谎。

第三,试着找到孩子撒谎的原因。如果孩子已经到了能够分辨是非的年龄,但他还是经常撒谎,那么,父母就要多关注孩子,找一下孩子撒谎的原因了。很多父母觉得,孩子撒谎是因为孩子太随便,认识不到撒谎的严重后果。很多时候,是孩子做错了事,怕父母惩罚自己才撒谎的。撒谎一次,逃避了父母的惩罚,孩子尝到了甜头。以后,孩子一旦做错了事,就会撒谎。慢慢地,孩子不但没有学会诚实做人,反而养成了撒谎的习惯。所以,父母有时候是不是也要反省一下自己?

第四,发现孩子错了,应及时纠正他的错误。想让孩子完全不撒谎是不可能的,有时孩子撒谎不一定是坏事。当然,这不是说要放纵对孩子的教育,鼓励孩子撒谎。但是,父母要学会分析孩子撒谎的真正原因,本着教育孩子的原则去寻找孩子撒谎的原因。当明白孩子为什么撒谎后,要及时地加以调整和改进。在以后的生活中,一旦出现类似情况,父母就要提醒孩子,不要再撒谎,要做一个诚实的人。同时,父母也要勇于面对自己在教育孩子过程中出现的问题,要有信心帮助孩子培养起诚实的习惯。

第五,给孩子制定一些要求,对于一些原则性的要求要严格执行。在生活中,为了更好地培养孩子诚实做人的习惯,就要给孩子制定一些要求。比如说:借了别人的东西,说好了什么时候还,就一定要什么时候还给人家;不是自己的东西,不能随便带回家里;答应别人的事情,就一定要做到,如果确实做不到,就要提前向别人说明;别人的东西,如果没有征得本人的同意,不

父母的语言

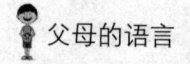

要随便碰、随便拿；如果自己做错了事情，一定要如实地讲出来，大胆地承认错误……这些原则一经提出，就要严格执行，不能朝令夕改，并要重视克服"第一次"出现的问题。对执行规则，父母要态度坚决，切不可迁就、姑息。

07 懂得宽恕容忍

情景案例

阿丽3岁了,能够非常清楚地表达自己的思想和逻辑了。她胖乎乎的,在小区里颇受宠爱,这都和她的大方、友善有关。阿丽从来不计较,玩具大家玩,好吃的一起吃,就连自己会的歌谣也耐心地教给其他小朋友。

有一次,阿丽和好多小朋友一起玩。有一个胖小子因为做不好沙雕,居然把阿丽一下午垒的长城踩个稀巴烂,阿丽很伤心。开始,她真的很想把那个小胖子推倒在地。可还没等动手,其他小朋友就都围上来了,七手八脚地把那个"坏小子"摔到沙坑里去了,胖小子被弄得号啕大哭。阿丽这时候居然伸出手把那个胖小子拉了起来。

"胖小子捣了你的工程,你为什么还要拉他呀?"妈妈后来问她。阿丽说:"他已经哭了,就是他已经知道不对了,而且长城已经毁了,我得想办法重新垒才是重要的。"后来,阿丽还给了胖小子一块巧克力,还教他怎么垒长城。到晚上的时候,他们的工程已经有模有样了。

心理分析

也许孩子的世界格外简单,可有谁能说孩子的宽容不是宽容呢。阿丽那一伸手,为自己赢得了一个朋友。

古人云:"人之初,性本善。"中国古代许多思想家都很重视宽容的品质。如孔子认为,一个真正的人要有宽容、恭敬、诚

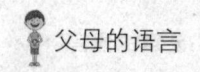

信、灵敏、慷慨五德,并把宽容放在五德之首。庄子也强调,圣人应有包容天地、遍及天下的宽阔胸怀。

近代民族英雄林则徐指出:"海纳百川,有容乃大。"一个人善于宽容,他的人格才会像海一样伟大。

法国文学大师雨果曾说过:"世界上最宽阔的是海洋,比海洋宽阔的是天空,比天空更宽阔的是人的胸怀。"

宽容是一种博大,它能包容人世间的喜怒哀乐;宽容是一种境界,它能使人生跃上新的台阶。其实,不论古今,宽容都是每个人必须具备的品质,是为人处世最基本的要求。

宽容,就是宽恕容忍,指能容纳异己和接受与自己愿望不符的事物。孩子一旦有了宽容的品质,他就能容纳不同的意见,尊重他人的生活方式,允许他人犯错并给人改正错误的机会,与人和睦相处。有宽容之心的人也能较快地接受新生事物和适应事物的发展变化,表现出较强的社会适应性。

父母既可以将自己的孩子培养成胸怀广阔的人,也可以将孩子培养成心胸狭窄的人。但为了孩子的幸福,同样也是为了孩子的学习,为了孩子将来能有所作为,我们应当教孩子学会宽容。

宽容是一种美德,它像催化剂一样,能够化解矛盾,使人和睦相处。诸如:"退一步天高地阔,让三分心平气和。""大肚能容,容天容地,容天下难容之事;开口便笑,笑古笑今,笑古今可笑之人。"这种不重表面形式的输赢,而重思想境界和做人水准的高低的行为是高尚的。正如有位哲人所说:"宽容是需要智慧的。"宽容体现了一个人的素养与气度,表现了人的思想水平。宽容对待他人的短处,可以使我们与他人和睦相处;宽容对待他人的长处,可以使我们不断进步。只有拥有智慧的人,才会在心中留出一片天地给别人。

现在的孩子大多以自我为中心,不管发生什么事情,首先想到的是自己,而不是别人。如果别人做错了事,根本没有一点宽容之心,往往逮住别人的缺点不放。北京师范大学教育系与中国

Part5 身教：父母的行为是"无声的语言"

青少年研究中心曾对中小学生做了一次抽样问卷调查。其中，有一个问题是这样的："当你讨厌的同学需要你的帮助时，而且你能帮助他，你会帮他吗？"对于这个问题的回答，表示愿意的小学生、初中生和高中生分别是 **59.8%**、**41.7%** 和 **37%**。由此可见，虽然不少孩子对于他人的主动求助表示愿意帮助，但从小学阶段到高中阶段，表示愿意帮助他人的人数是递减的。在调查中，还有一个问题是这样的："对于过去欺负过你或严重伤害过你的人，你会怎么办？"对于这个问题，只有 **29.9%** 的学生表示会原谅他，有近 **24%** 的学生表示很难原谅或绝不原谅，其余的学生则表示原谅但不忘记。从中我们也可以看出，能够主动宽容别人的孩子实在太少了。而事实上，宽容是一种重要的美德。宽容会让孩子减少仇恨、暴力和偏执，还能影响孩子以善良、尊重和理解来对待别人。

父母这样做

第一，父母以身示教。苏联教育家马卡连柯指出："父母在开始教育自己的子女之前，首先应当检点自身行为。"让孩子学会宽容，父母自己首先应有宽容的品质。如父母心胸狭窄，无视他人意见，习惯于将自己的意志强加于人，不给人改错的机会，为一点小事争执不休，为一点小利斤斤计较，孩子又怎么能学会宽容呢？孩子是父母的影子，父母有一颗宽容之心，宽容的品质才会再现在孩子身上。

第二，用故事教育孩子。讲故事是教育孩子的重要手段。国内外有许多体现宽容品质的小故事，可借此教育孩子。如我国历史典故"负荆请罪"：将军廉颇屡建战功，不服蔺相如以口舌之劳居上位，欲加凌辱。相如以国家利益为重，屡次忍辱避让。廉颇知道原委后，深感惭愧。于是，他背负荆条，上门请罪，并感叹道："鄙贱之人，不知将军宽之至此也。"两人遂成刎颈之交。此例正是蔺相如的宽容避免了内讧，换来了友谊，维护了国家的

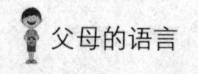

利益。

第三，用自然陶冶孩子。大自然是最生动的教材，是一本读不完的书。大自然的博大与雄浑可使人心胸开阔，性格开朗，心情愉悦，进而促使人产生宽容之心。因此，父母应多带孩子游历祖国的大好河山，让浩瀚的海洋、奔腾的河流、秀丽的湖光山色陶冶孩子的心灵，开阔孩子的视野和胸襟。

第四，父母不要对某些人和事物有偏见，更不要把这些偏见在孩子面前表露出来，从而让孩子在潜意识里也受到这种偏见的影响，而对这些人和事物有偏激的看法。

第五，当孩子的小伙伴来自己家里时，父母对其他小朋友的态度不要过分冷落，也不要过分热情。尤其要教育孩子尊重小伙伴，让孩子平等地与人交往。

第六，教孩子换个角度看问题。不管什么时候，父母都可以教孩子学会从别人的角度来看待问题，让孩子把自己置于别人的位置，设身处地地站在别人的角度来思考问题。

Part5 身教：父母的行为是"无声的语言"

08 学会自强自立

情景案例

婷婷已经是一个小学四年级的学生了，可她还习惯睡懒觉。每天早晨，她都要妈妈催她几次，才慢吞吞地起床。如果真迟到了，她就会抱怨父母不催她起床，害得她受老师批评。

婷婷的父母所在的单位比较清闲，两人能把很多时间用在照料孩子身上。无论是孩子上下学的接送，还是孩子晚上回到家里做作业，父母都会轮流陪同。一个星期天，婷婷整天忙着和朋友玩耍，竟然忘了写作业。第二天早上，婷婷才想起来，她一边哭一边抱怨父母没有提醒她。

后来，婷婷的父母就商量："婷婷一直这个样子不行，咱们得换个方法了。"晚上，婷婷回家后，爸爸说要跟她聊聊。爸爸告诉她："婷婷，你已经9岁了，不能什么事情都依靠我和你妈妈。上学是你自己的事情，不是我们的事。从明天早晨开始，该几点起床，你自己上好闹钟。如果闹钟响了你还懒被窝，你就懒吧，肯定没人叫你，一切责任由你自己负！"

没想到，第二天早晨闹钟一响，婷婷就跳下床来。从那天开始，婷婷起床上学都不再用父母催了。

心理分析

心理学家认为，孩子缺乏自强自立的能力，与早期没能顺利解决对父母的依恋有关。现在，大多数孩子是独生子女，在家中大小事情动辄求助于他人，吃苦耐劳能力差，生活上、学习上遇

父母的语言

到一点困难就灰心丧气,甚至"破罐子破摔"。随着独生子女在社会中的比例不断增加,这类问题的出现频率也有所提高。正如一位教育学家所说:"在孩子成长的道路上,存在一个非常温柔的陷阱,这是那些过分庇护孩子的父母一手挖掘的。"掉进陷阱里的孩子由于被剥夺了犯错误和改正错误的机会,从而也失去了成长过程中磨炼的机会。

在动物界中,有一个故事。为了训练小狮子自强自立的能力,母狮子故意将它推下山崖,让它在困境中锻炼求生的能力。面对残酷的现实,小狮子艰难地从深谷中一步一步走了出来。它变得成熟了,因为它知道,"不能依靠别人,只能凭借自己的力量前进"。

父母一切包办固然会使孩子感到安乐,也可以让孩子获得短暂的满足,却不会让孩子在能力、才华、品德等生命力方面有任何收获。所以,要让孩子学会拯救自己的方法——自强自立,这是任何一个人成才所必须具备的条件和素质。因此,父母应该让孩子多磨砺、多吃苦。跌倒了不可怕,可怕的是很多父母因怕孩子跌倒,而总是抱着孩子。要知道,抱大的孩子是不会走路的。

人生是一个艰难的历程,困难重重,挑战无限。这时,真正能够帮助孩子的唯有他自己,能够拯救他的也唯有他自己。既然父母不能包办孩子一辈子,那就应当尽自己最大的能力,把孩子培养成为自强自立的人!

父母这样做

第一,让孩子经历风雨。爱孩子,就应该给孩子一对坚强有力的翅膀,让孩子能够在暴风雨里飞得更高。孩子具有很强的可塑性,在父母的保护下长大,虽然很舒适,但经不起任何风雨;如果从小就让孩子在风雨中见识世面,培养孩子自强自立的品格,孩子的一生将受益无穷。

第二,给孩子选择的权利。让孩子早点学会选择,对他们将来的成长有着非常重要的意义。尽管孩子选择的事大多是些无关紧要的小事，但对他们的成长却很重要。如果孩子和父母的选择不同，也不要轻易否定孩子的选择，因为这样会打击孩子的积极性。

第三，尊重孩子的自我意识。自我意识强的孩子，往往喜欢独自钻研、探索。而对父母的一些强制性做法，这些孩子表现出极强的反抗，不愿意按照父母的旨意去做事。如果父母事事都强制孩子按自己的意愿去做，就会压制孩子的主观能动性，从而导致孩子胆小怕事，不善于创新，当然更无法自强自立。

第四，自己的事情自己做。在家里，孩子能够做的事要他们自己去干，如穿衣、洗碗、打扫卫生等，不要什么事都由父母代劳，让孩子做"小地主""小公主"。在学校，除了学习好外，还要让孩子多参加集体活动，学会去帮助他人。

父母的语言

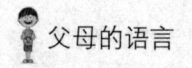

09 勇敢地面对挫折

情景案例

形形是家里的独生女,父母从小对她呵护有加,舍不得让她吃一点点苦。上学以来,她也一直是品学兼优的学生,而且是班里的学习委员和数学课代表。

但是,在一次期末考试后,她感觉发挥得不理想,心情极度郁闷。在日记里,她伤感地写道:"考试刚结束,我的心情十分沉重。不知道为什么,好想哭,周围的一切都不如想象中的美好。考试时,我觉得做题状态不好,一切都糟糕透了。我开始怀疑自己的能力和未来,感觉周围的一切都如一潭死水,没有生机。本以为考试结束,可以在春节里好好放松一下,但我现在对这一切都没有兴趣了。"

整个春节,她都过得十分痛苦。那些欢声笑语,那一串串划破夜空的烟花,在她看来都充满了讽刺。即使开学后,得知她的成绩并不差,形形也丝毫没有高兴起来,反而愈加痛苦与失望。她觉得学校已经不再适合她了,想辞掉班里的一切职务,甚至想退学。

心理分析

不适当的家庭教育给孩子营造的成长氛围,与孩子在家庭之外的真实环境之间存在的强烈反差,是孩子难以面对现实、承受挫折能力差的重要原因。

父母应该让孩子知道,人生的道路不可能是一帆风顺的,成

Part5　身教：父母的行为是"无声的语言"

长往往与坎坷、挫折相伴而行。一定程度的挫折，可以激发人克服困难的勇气和力量。现代社会是一个充满挑战的社会，在这样的社会中，如果没有经受挫折的洗礼，没有学会承受挫折和失败带来的负面情感，没有正确对待挫折的心态，就好像是温室里的"花朵"，是不可能真正独立和适应社会的。

"自古英雄多磨难，从来纨绔少伟男。"这句充满智慧的警句，生动地说明了磨难与挫折对一个人成才的重大作用。在这里，挫折是指人们在实现特定的预期目标的活动中，遇到无法克服或自以为无法克服的障碍，使需要不能获得满足时，所产生的紧张状态和消极的情绪反应。

由于现在的孩子是独生子女，往往集万千宠爱于一身。父母的过度保护和溺爱，不仅不利于孩子良好意志品质的形成，也使得孩子的多种潜能不能得到发展，"自己对自己负责"的独立意识难以养成。当孩子真正面对现实生活、面对竞争，不能处处第一、事事得到满足时，自然会产生强烈的挫败感，进而产生自卑、抑郁、厌世等不良心理。

美国一位儿童心理卫生专家说："有十分幸福童年的人，常常会有不幸的成年。"因此，年少时极少遇到挫折的孩子，常常在长大后难以适应激烈的竞争和复杂多变的社会环境。明智的父母应该克制"帮孩子一把"的冲动，给孩子一个了解挫折、感受挫折并攻克挫折的机会，让孩子在应对挫折之中充分发挥自身的潜能，培养坚定的信念与百折不挠的勇气，为日后的成功奠定基础。

"每一种挫折或不利的突变，是带着同样或较大的有利的种子。"因此，从小在孩子心里播下一颗耐挫折的种子，可以让孩子更加自如地在人生的天地里飞翔。

世上没有一条笔直、平坦的路，只有在挫折中不断进取，才能摘取成功的桂冠。能够以平和心态面对并战胜困难，是生活的强者。然而，能够以乐观的心态面对困难，并将它转化为生活中的硕果，才是生活的智者。明智的父母不会为孩子扫平一切障碍，而是帮助孩子，让他自己去克服困难、历练成长，并将困难变为生命中的光环，让孩子不仅成为生活的强者，更成为生活的智者。

父母这样做

第一，培养孩子正确的挫折观。正确地认识挫折，是让孩子对挫折有一个感性的认识，使孩子在面临挫折时不至于不安与惊慌。例如，在平时的家庭教育中，父母可以多引用名人名言来告诉孩子，挫折具有普遍性与客观性，没有人能够避开它；挫折的产生既有自身原因，也有外在原因；挫折会使人产生负面情绪，但这些负面情绪的程度及影响时间却是因人而异的。

第二，让孩子认识各类挫折。挫折既包括各类天灾，如地震、洪水等自然灾害，也包括社会大环境引起的挫折，如孩子参加班干部竞选失败等，还包括个体期望与成就之间的差异而导致的挫折，如学习成绩不如意等。指导孩子正确认识各类挫折，并教给孩子应对的方法，可以更好地帮助孩子面对和超越挫折。在平时的生活中，父母应该有意识地让孩子认识各类挫折，并且指导孩子在行动上和心理上克服这些挫折。如针对地震等自然灾害，父母可以教孩子学习掌握一些基本的逃生技能，并且培养孩子坚定的信念及乐观的心态。

第三，适当为孩子创设"挫折情境"。有研究显示，早年的挫折经验，有助于孩子成年后更好地适应环境。"逆境成才""穷人的孩子早当家"，说的都是这个道理。因此，父母可以适当地为孩子提供"挫折情境"，让孩子体验挫折、克服挫折。父母应该及早为孩子提供体验挫折的机会，如鼓励孩子去参加远足、野营、登山和义工活动，让孩子在真实的生活中锻炼自己的意志，提高孩子的生存能力和受挫能力。

第四，为孩子树立一个战胜挫折的榜样。榜样的力量，就像

Part5　身教：父母的行为是"无声的语言"

黑夜航程中的渔灯，能够给迷路的孩子以精神和行为的指引和启发。因此，父母可以多给孩子讲讲榜样的故事，让孩子从中得到启发与激励。例如，父母可以给孩子讲身残志坚的张海迪与海伦·凯勒如何战胜身体的残疾及内心的失意，成长为优秀的文学家和教育家的故事；还有不被穷苦生活所折服的华罗庚，十年如一日地坚持在辍学后仍然学习数学，终于成为一代数学大师的故事等。受到这些故事的启发，孩子在面临挫折时，便不会一味地消沉退缩了。

父母的语言

10 与他人搞好关系

情景案例

最近一段时间,妈妈发现小凡不太高兴,于是问他:"怎么了小凡,在学校里遇到什么不开心的事情了吗?"

"没有什么。"小凡回答妈妈。

"那我怎么发现你不开心呢?是不是有人欺负你了?"妈妈接着问。

"我说过没什么了,妈妈你别管了。"小凡一边说,一边朝妈妈挥了挥手。

这时,妈妈发现小凡的胳膊上有条伤痕,不禁吃了一惊,急忙抓住他的胳膊,问道:"到底是怎么回事,快告诉妈妈。"

小凡一看瞒不过妈妈,就一五一十地告诉了她。原来,班上有个同学特别霸道,经常欺负小凡,有几次还动手打了他。听到这种情况,妈妈非常认真地对小凡说:"别人老欺负你,你应该还手。"

小凡的爸爸听到了妈妈的话,不解地说:"还手干什么,打架吗?哪有你这样教育孩子的?打架根本解决不了问题。"

妈妈说:"那你说怎么办?难道就这么老让人欺负?"

爸爸说:"我也不知道怎么办,总之不能鼓励孩子动手打架。再说,要是孩子打不过别人,怎么办?"

听着爸爸妈妈的争执,小凡默默地回到了自己的房间。

心理分析

小凡的爸爸妈妈碰到的确实是一个十分棘手的问题。孩子在

Part5　身教：父母的行为是"无声的语言"

与小伙伴的交往中，总会发生一些矛盾，甚至动手打架。这时候，父母应该怎样面对？是让孩子默默忍受，还是让孩子以牙还牙？

这些都不是好办法。如果孩子之间有矛盾，应该鼓励孩子去和对方交朋友，对孩子说："不要打架，你应该主动讲和。告诉对方，你想和他成为朋友。"

父母都希望自己的孩子有一个和谐的人际关系，能和小伙伴们和谐相处、互相帮助。因此，对于孩子交往中遇到的种种难题，父母应该在以和为贵、发展友谊的原则基础上，鼓励孩子用心与他们沟通，相信孩子的真诚可以打动他们，从而把对手变为好朋友。

交友是孩子心理发展过程中的一种需要。孩子来到这个世界上，他们不满足于仅从家庭中、从父母的嘴里来了解世界，他们急于挣脱父母的束缚，到这个光怪陆离的世界中去闯荡。当然，孩子最先选择的是朋友，想了解别人对外界事物的看法，也想了解别人对自己的看法。这就产生了心理上的不平衡。因此，交友就成为孩子这个时期的一种需要。如果这种需要由于种种原因得不到满足，那么孩子就会心情烦躁，反抗情绪也随之产生。

孩子交友的过程是将个人的自我世界融入众人的群我世界的过程。也就是说，孩子在交友的过程中，应学会了解他人的需要，设身处地地替他人着想。一是学会包容别人的错误。二是学会看到自己的不足。建立相互尊重、相互理解、相互补充、相互促进的关系，为辩证思维的发展打下基础。父母要引导孩子在交友中改变自己的思维习惯，从自我中心的意向中走出来。

这些都是学校课堂上难以学到的，而又是进入社会后每个人必需的本领。这就是善解人意。孩子同小伙伴一起玩，难免会发生一些摩擦。有些父母唯恐孩子吃亏，更怕自己的孩子学坏。因此，这些父母不让或很少让孩子同小伙伴往来。这实在是一种错

父母的语言

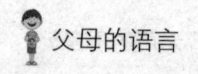

误的教育观。

　　孩子怎样才能处理好与小伙伴之间的关系，确实是一件棘手的事。有一个"豪猪的困境"的故事，说的是两只豪猪一起过冬，因为太冷而把身体紧挨在一起，结果它们身上的刺刺伤了对方。为了防止刺伤，它们又彼此分开，而这样又感到冷，甚至会冻死。于是，它们就试着既不过于靠近以免刺伤对方，又不过于分离而使对方感觉不到温暖，彼此之间保持不使对方受伤而又互利的距离。

　　对于不谙世事的孩子而言，要让他们明白这个故事的道理也许有点勉为其难。但是，父母不应忽视这方面的努力。当孩子与小伙伴交往时，相互之间发生争执，"刺伤"了别人或自己被"刺伤"都是难免的。然而，也只有通过交往，孩子才可能逐渐学会怎样与伙伴交往。

　　美国加州大学心理学家劳伦斯·哈特教授在对一些孩子进行的长达10年的追踪调查中，仔细观察了这些孩子是怎样生活的：哪些孩子喜欢与人交往，哪些孩子喜欢独处，并对这些孩子的学习进行了跟踪调查。最后的研究结果表明，那些善于与人交往的孩子智商较高，往往比较聪明活泼，而且上学以后学习成绩一般都比较好。哈特教授通过分析认为，从小善于与人交往的孩子，不仅容易与人相处得融洽，而且可以从其他人那里学到很多有益的知识和实用的技能。

　　善于与他人交往的孩子在入学以后，不仅能够从容地与同龄人交往，而且能够从容地与老师等成人交往。良好的人际交往是适应社会的表现。孩子是否善于同别人打交道，在人群中人缘如何，对孩子以后的学习和人生的发展有很大的影响。因此，父母要重视培养孩子与人交往的习惯。

　　学生正处在学习知识、了解社会、探索人生和事业的发展时期，与同龄伙伴交往并建立友谊是正常的心理需要。过于封闭自己、不爱与人交往、在同学中的人缘不好，都会影响孩子的交往能力，使孩子无法适应复杂多变的社会。更有甚者，会让孩子形成孤僻、抑郁、偏执等心理障碍。

每个孩子总是希望能够有几个思想上、学习上或生活中志同道合的朋友，能够经常从朋友那里获得鼓励、信任和支持。在与周围的人相处时，朋友的肯定态度总是多于否定态度，孩子就会感到与他人有一种休戚相关、安危与共的情感，并愿意牺牲自己的利益去为他人谋利益。这是一种自我发展的需要。

因此，父母要高度重视孩子的交往问题，进行正确的引导。

父母这样做

第一，培养孩子乐观的性格。事实证明，乐观的孩子是比较受欢迎的。因此，父母首先要让孩子摆脱自卑。自卑会使孩子感到孤独和压抑，在人际交往中缺少自信，从而产生退缩、逃避行为。父母要告诉孩子，要树立信心，让自己成为一个受人欢迎的人。乐观来自良好的心态，父母在平时可以鼓励孩子凡事都往好的方面去想，不要老想着不好的；教孩子每天面带微笑，出门之前打点好仪容仪表，带着愉快的心情上学校。这些都能帮助孩子自信地面对同学。每个孩子的经历、兴趣、能力、个性都是不一样的，要求别人都和自己一样是不切实际的。父母应教育孩子承认人与人之间的差异，并正确对待差异，采取自我约束、积极适应的态度，搞好与同学的关系。在与同学交往中，尽量少麻烦别人，多帮助别人。如果某个孩子在家娇生惯养，到了学校也就喜欢经常麻烦别人，要求别人听自己的，帮助自己做这做那，那么其他的孩子是不会喜欢他的，孩子与同学之间的关系就会变得非常糟糕。因此，良好的个性培养离不开父母平时的教育。

第二，让孩子多参加集体活动。父母应教育孩子多参加集体活动，让自己融入集体生活中，在集体活动中做一些自己能做的事情，加强与同学的交往，增加同学对自己的好感和信任。在集体活动中，应教育孩子多做事情，少指挥人。如果孩子自己不做事，却喜欢指挥别人，那么同学就会对他产生反感，直至讨厌与他交往。因此，父母应教育孩子在集体活动中尊重别人，当别人遇到困难时，主动帮助别人，这样就能赢得更多的朋友。如果有的同学对自己态度冷淡，也不必介意，应该坚持在班里服务于大家。久而久之，同学会对自己热情起来。父母还应鼓励孩子参加各种体育活动。体育是一种直接与人正面接触和竞争的群体活动，总是要有两个以上的人参与才有意义。更重要的是，体育活动不但需要智慧和力量，也需要胆量。这胆量，正是人际交往所必需的一种要素。孩子一旦爱上体育，就会主动寻找对手，这种寻找就是交际；合适的对手，往往就是具有深厚友谊的伙伴，多与之交往有利于提高交际能力。

第三，鼓励孩子带同学回家。父母要鼓励孩子带同学回家，并且帮助孩子热心地招待他的同学，提高孩子在同学中的形象。父母的热心会让孩子的同学增加对孩子的好感，从而愿意与孩子保持良好的朋友关系。父母也可以邀请邻家孩子来家玩，让自己的孩子在与他人的交往中增加信心，学习人际交往的方法。值得注意的是，父母不要规定孩子交什么类型的朋友，应该允许孩子结交一些年龄不同、性格不同或特长不同的朋友。例如，孩子结交了在写作、绘画或音乐上有特长的朋友后，就等于找到了一位好老师，孩子在这方面的才能也会得到相应的提高，与不同类型的人打交道的能力也会不断提高。让孩子独自到同学或邻居家去串门，也是一个锻炼孩子交际能力的机会。串门做客，牵涉到寒暄、问候、交谈和有关礼物等的问题。孩子一个人去就成了主角，与对方的一切接触都得由自己来应酬。这无疑把孩子推到了前线，促使其考虑如何交际。家里来了客人，有时不妨让孩子出面接待。特别是当客人或朋友与孩子年龄相仿时，父母千万不要包办代替。

Part5　身教：父母的行为是"无声的语言"

第四，教给孩子一些交往技巧。随着时代的发展，现在的孩子非常讲究个性。因此，孩子之间要想保持良好的关系，也需要一定的技巧。父母可以教给孩子一些交往的技巧，帮助孩子得到同学的友谊。